niversidade de Artes de Bournemouth / A
icana de Sharjah / Art Center College of D
e Belas Artes de Bolonha / School of Visu
Tecnologia de Design de Suzhou / Univer
se Eloy School of Art / Aalto University Sch
and Magic / Universidade Stellenbosch / A
de Illinois / Universidade Bilgi de Istambu
ege of Art and Design / Universidade Esta
a do Norte / Universidade das Artes / Acad
/ Rhode Island School of Design / Institu
Institute of Chicago / Centro Universitário
ool of Visual Arts / Universidade Temple /
o Sul / Universidade de Bogotá Jorge Tade
Universidade do Havaí em Manoa / Unive
niversidade de Artes de Berlim / Universid
ngik / Universidade de Kookmin / Univers
Universidade Virginia Commonwealth / L
iubliana / Universidade Bourne
ade Americana de Sharj er C
demia de Belas Artes de Bolonha / School
de Arte & Tecnologia de Design de Suzhou
lit / Maryse Eloy School of Art / Aalto Un

ESCOLA DE DESIGN

PROJETOS DESAFIADORES DE ESCOLAS DO MUNDO TODO

Administração Regional do Senac no Estado de São Paulo
Presidente do Conselho Regional: Abram Szajman
Diretor do Departamento Regional: Luiz Francisco de A. Salgado
Superintendente Universitário e de Desenvolvimento: Luiz Carlos Dourado

Editora Senac São Paulo
Conselho Editorial: Luiz Francisco de A. Salgado
Luiz Carlos Dourado
Darcio Sayad Maia
Lucila Mara Sbrana Sciotti
Jeane Passos de Souza

Gerente/Publisher: Jeane Passos de Souza (jpassos@sp.senac.br)
Coordenação Editorial: Márcia Cavalheiro Rodrigues de Almeida (mcavalhe@sp.senac.br)
Comercial: Marcelo Nogueira da Silva (marcelo.nsilva@sp.senac.br)
Administrativo: Luís Américo Tousi Botelho (luis.tbotelho@sp.senac.br)

Edição e Preparação de Texto: Juliana Muscovick
Revisão de Texto: Heloisa Hernandez
Design: Landers Miller Design
Editoração Eletrônica: Marcio S. Barreto

Título original: *Design School Confidential – Extraordinary Class Projects from International Design Schools*
Copyright © 2009 por Rockport Publishers, Inc.
Esta edição brasileira foi publicada em 2016 pela Editora Senac São Paulo
Publicado mediante acordo com o Rockport Publishers, Inc.
Rockport Publishers, membro do Quarto Publishing Group USA Inc.
100 Cummings Center
Suite 406-L
Beverly, Massachusetts 01915-6101 – www.rockpub.com
Impresso na China

Todos os direitos reservados. Nenhuma parte deste livro pode ser reproduzida sob qualquer formato sem a permissão por escrito dos detentores dos direitos autorais da obra. Todas as imagens foram reproduzidas com o conhecimento e a autorização dos artistas relacionados, portanto o produtor, o editor e a gráfica estão isentos de qualquer responsabilidade quanto à infração de direitos autorais relacionados a esta publicação. Todo o esforço foi empreendido para assegurar que os devidos créditos estão de acordo com as informações fornecidas. Pedimos desculpas por qualquer erro que possa ter ocorrido e nos comprometemos a corrigir possíveis falhas ou inexatidão de informações na próxima edição do livro.

Proibida a reprodução sem autorização expressa.
Todos os direitos desta edição reservados à
Editora Senac São Paulo
Rua 24 de maio, 208 – 3ª andar – Centro – CEP 01041-000
Caixa Postal 1120 – CEP 01032-970 – São Paulo – SP
Tel. (11) 2187-4450 – Fax (11) 2187-4486
E-mail: editora@sp.senac.br
Home page: http://www.editorasenacsp.com.br

Edição brasileira © 2016 Editora Senac São Paulo

Dados Internacionais de Catalogação na Publicação (CIP)
(Jeane Passos de Souza – CRB 8ª/6189)

Heller, Steven
Escola de design: projetos desafiadores de escolas do mundo todo / Steven Heller, Lita Talarico; tradução de Márcio Caparica. – São Paulo: Editora Senac São Paulo, 2016.

Título original: Design school confidential: extraordinary class projects from international design schools.
Lista de endereços.
ISBN 978-85-396-0876-8

1. Artes gráficas (estudo e ensino) 2. Design gráfico (estudo e ensino) I. Talarico, Lita. II. Título.

15-320s

CDD-745.4071
BISAC DES007000

Índice para catálogo sistemático:

1. Design gráfico (estudo e ensino)   745.4071

agradecimentos

ESTE LIVRO NÃO TERIA SIDO ESCRITO se não fosse pela nossa colega Lara McCormick, cujas habilidades organizacionais foram postas à prova. Agradecemos também a Hyun-Jung Hwang, Jia Chen, Lesley Weiner e Zarina Lagman pela inestimável assistência.

Muita gratidão à nossa incansável editora da Rockport, Emily Potts, guardiã-chefe deste material, e à diretora de arte Regina Grenier.

Um livro muitas vezes possui um design tão bom quanto o seu conteúdo, e nosso designer Rick Landers, que produziu este formato excelente, foi essencial para a criação da obra. Agradecemos a Esther Ro-Schofield e Matthew Shapoff, do programa MFA Designer as Author, da School of Visual Arts, por nos ter ajudado com as dúvidas técnicas.

Nosso apreço a David Rhodes, presidente, e a Anthony Rhodes, vice-presidente da School of Visual Arts, pelo apoio contínuo.

Obrigada a todos os professores e estudantes que generosamente contribuíram para o desenvolvimento deste projeto. —SH + LT

→ sumário:

A | **INTRODUÇÃO**
A REGRA DE OURO — 6

1 | **ANATOMIA DE UM TRABALHO BEM-SUCEDIDO** — 10

A perspectiva do professor 11

A perspectiva do aluno 18

2 | **OS TRABALHOS** — 26

1. Nação Helvetica 28
Maryland Institute College of Art, Baltimore, Maryland, EUA

2. Publicação de 10º aniversário da VCUQatar... 30
Universidade Virginia Commonwealth, School of Arts, Doha, Catar

3. Do berço ao túmulo 34
London College of Communication, Londres, Reino Unido

4. Identidade visual para a 25ª Bienal de Artes Gráficas de Liubliana 38
Universidade de Liubliana, Academia de Belas Artes e Design, Liubliana, Eslovênia

5. Sob julgamento 40
Universidade de Artes de Bournemouth, Poole, Dorset, Reino Unido

6. Identidade de produto 44
Alberta College of Art and Design, Calgary, Alberta, Canadá

7. Localidade.................................. 50
Universidade Americana de Sharjah, College of Architecture, Art and Design, Sharjah, Emirado de Sharjah, Emirados Árabes Unidos

8. Transformar dados em informação 56
Art Center College of Design, Pasadena, Califórnia, EUA

9. Design sacro 60
Universidade das Artes de Berlim, Berlim, Alemanha

10. Nova identidade para a Academia de Belas Artes de Bolonha 62
Academia de Belas Artes de Bolonha, Bolonha, Itália

11. Boston e Suzhou: um estudo em livro de conceito cultural........................... 65
Universidade de Boston, School of Visual Arts, Boston, Massachusetts, EUA / Instituto de Arte & Tecnologia de Design de Suzhou, Suzhou, Soochow, China

12. Água, política e esperança 68
Universidade Brigham Young, Provo, Utah, EUA

13. Oficina 'Cidade de Split'.................... 74
Arts Academy of Split, Departamento de Comunicação Visual, Split, Croácia

14. Meu primeiro design de pôster político: Chile, o outro 11 de setembro 78
Maryse Eloy School of Art, Paris, França / Aalto University School of Arts, Helsinque, Finlândia

15. *To Die For* 82
Fabrica, Centro de Pesquisa e Comunicação do Grupo Benetton, Treviso, Itália

16. Histórias sul-africanas 86
Red and Yellow School of Logic and Magic, Cidade do Cabo, África do Sul / Universidade de Stellenbosch, Matieland, África do Sul

17. A linguagem formal de uma fonte para títulos 88
Academia de Artes da Islândia, Reiquiavique, Islândia

18. Visualizar vários tipos de informação por meio de múltiplos canais................ 92
Instituto de Tecnologia de Illinois, Instituto de Design, Chicago, Illinois, EUA

19. X Box 94
Universidade Bilgi de Istambul, Departamento de Design de Comunicação Visual, Istambul, Turquia

20. Quebrando as regras do design de mídias interativas.......................... 100
Universidade Técnica de Yildiz, Departamento de Design de Comunicação, Istambul, Turquia

21. Design de informação médica.............. 103
Universidade Iuav de Veneza, Departamento de Artes e Design Industrial, Veneza, Itália

22. Direitos humanos, injustiças humanas....... 106
Massachusetts College of Art and Design, Boston, Massachusetts, EUA

23. Ilustrar uma página dupla de ficção 110
Universidade Estadual do Missouri, Departamento
de Arte e Design, Springfield, Missouri, EUA

24. Lembranças de Praga 114
Universidade Estadual da Carolina do Norte, Faculdade de
Design, Raleigh, Carolina do Norte, EUA

25. Comunicação centrada no usuário........... 118
Universidade das Artes, Filadélfia, Pensilvânia, EUA

26. Criar designs significativos 122
Academia de Belas Artes Jan Matejko, Faculdade de
Design Industrial, Departamento de Comunicação
Visual, Cracóvia, Polônia

27. Faça uma cadeira 126
Portfolio Center, Atlanta, Georgia, EUA

28. Livros de viagem 130
Universidade de Artes Folkwang, Essen, Alemanha

29. Oficina de pôster de colagem................ 134
Rhode Island School of Design, Providence, Rhode
Island, EUA

30. Projeto de pesquisa 138
Instituto Real de Tecnologia de Melbourne, The Works,
Design de Comunicação, Melbourne, Victoria, Austrália

31. Coragem audaz............................ 140
School of the Art Institute of Chicago, Chicago, Illinois, EUA

32. Desenvolvimento de famílias tipográficas
para revistas............................... 144
Centro Universitário Senac – Santo Amaro, São Paulo, Brasil

33. Tipografia como metáfora................... 149
Universidade Estadual de Nova York, Purchase College,
Escola de Arte e Design, Purchase, Nova York, EUA

34. Cavalo-vapor 152
School of Visual Arts, Nova York, EUA

35. O que aconteceu?.......................... 156
School of Visual Arts, MFA Designer as Author,
Nova York, EUA

36. Pense: a credibilidade das informações
na era digital 162
Universidade de Tecnologia de Swinburne, Faculdade
de Design, Prahran, Victoria, Austrália

37. Ouça com cuidado.......................... 164
Universidade de Tecnologia de Swinburne, Faculdade
de Design, Prahran, Victoria, Austrália

38. Música interativa ou *website* de música...... 166
Universidade Temple, Tyler School of Art,
Filadélfia, Pensilvânia, EUA

39. Além da superfície........................... 168
Royal College of Art, Londres, Reino Unido

40. Revista *Pattern* 174
Universidade de Nova Gales do Sul, Faculdade de Belas
Artes, Sydney, Nova Gales do Sul, Austrália

41. Cor e Carnaval............................. 178
Universidade de Bogotá Jorge Tadeo Lozano, Bogotá,
Colômbia

42. A capa transparente........................ 180
Universidade Autônoma Metropolitana, *campus*
Azcapotzako, Cidade do México, México

43. Lendo a paisagem urbana 183
Universidade do Havaí em Manoa, Programa de Design
Gráfico, Honolulu, Havaí, EUA

44. Sequência em quadrinhos................... 188
Universidade de Tecnologia de Sydney, Sydney,
Nova Gales do Sul, Austrália

45. Trabalho de conclusão de curso em
Design gráfico............................. 192
Universidade das Artes, Filadélfia, Pensilvânia, EUA

46. Tipografia modular 196
Universidade de Ulster, Escola de Arte e Design, Belfast,
Reino Unido

47. Programa de design de comunicação 198
Universidade de Washington, School of Art
Departamento de Design, Seattle, Washington, EUA

48. Grande projeto de design 202
Universidade de Wollongong, Faculdade de Artes
Criativas, Escola de Arte e Design, Wollongong,
Nova Gales do Sul, Austrália

49. Design gráfico em qualquer mídia........... 206
Universidade das Artes de Berlim / Universidade de Artes
Aplicadas de Viena, Instituto de Design

50. *The One* 210
Universidade de Hongik, Departamento de Design de
Comunicação Visual, Seul, Coreia do Sul

51. Pare o aquecimento global 213
Universidade Kookmin, Faculdade de Design, Seul,
Coreia do Sul

52. Maneiras de enxergar (criação de imagens
sequenciais)............................... 216
Universidade de Nicósia, Nicósia, Chipre

53. Beatrice Warde e você 219
School of Visual Arts, Nova York, EUA

Lista de endereços 222

Introdução

A regra de ouro

OS TRABALHOS DESENVOLVIDOS PELOS ALUNOS ao longo de um curso podem ter peso em ouro (assumindo-se que é possível se pesar um projeto feito em aula). Esses trabalhos, discutidos por alunos e imitados por professores, anos depois de terem sido feitos, são essenciais para uma educação em design bem-sucedida. Os projetos realmente desafiadores separam o joio do trigo, os fortes dos fracos, os competentes dos geniais. Eles podem ser ao mesmo tempo amedrontadores e sedutores – e são conhecidos por causarem noites em claro e dias estressantes. Os trabalhos acadêmicos podem ser concebidos de diversas maneiras para se adequarem a necessidades distintas: alguns são propostos apenas uma vez, outros são oferecidos ano após ano até que sua utilidade educacional chegue ao fim.

Nos anais da pedagogia do design, alguns trabalhos pioneiros se destacam e geralmente são associados a professores preeminentes. Alguns dos mais conhecidos são a colagem com objetos encontrados de Edward Fella, o trabalho da previsão do tempo de Dan Friedman, o exercício em tipografia em Basel de Emil Ruder, o projeto de elementos de design não funcionais de Wolfgang Weingart, e o *Touch Someone's Heart* ("Toque o coração de alguém") de Stefan Sagmeister. Muitos deles tornaram-se uma espécie de marca, evoluíram com o passar do tempo e estão associados a seus criadores; os estilos individuais e maneirismos são a chave de sua personalidade no design. Ainda assim os trabalhos mais bem-sucedidos não são apenas afagos no ego dos professores, mas são desafios intensos que obrigam os alunos a irem além das soluções rasas, gerando um processo catártico que visa proporcionar mais conhecimento, compreensão, e quem sabe, até sabedoria. Às vezes, um trabalho ímpar pode desencadear uma mudança nos rumos de um estilo ou uma técnica.

Uma transformação desse tipo ocorreu com a *The Vernacular Message Sequence* ("Sequência de mensagem vernacular"), um trabalho anual que Katherine McCoy solicitou aos alunos de graduação da Cranbrook Academy of Art de 1975 a 1995, quando era codiretora. A proposta era simples: começava-se com exercícios tipográficos básicos de *grid* (altamente analíticos e racionais, baseados em exercícios de Emil Ruder e Dan Friedman) e assim progredia-se sequencialmente em estágios interpretativos, valendo-se de figuras e elementos vernaculares. Uma das soluções mais memoráveis surgiu em 1984, quando Robert Nakata transformou o rótulo do ketchup Heinz ao reinterpretar e reconfigurar os elementos gráficos comuns que formam essa onipresente marca comercial. Nakata reteve a característica mais identificável – a forma de abóbada –, mas desconstruiu o resto da tipografia, o que resultou em uma série de formas virtualmente abstratas. Ao recriar algo tão familiar, o aluno aprendeu o que era essencial à identidade do design, o que não poderia ser modificado sob risco de alterá-lo para sempre, e o que era descartável. Essa também foi uma lição para demonstrar o quão mutável os designs mais famosos podem ser e, ainda sim, reter algum traço de identidade.

↑ The Vernacular Message Sequence
A logomarca do ketchup Heinz por Robert Nakata, baseada em exercícios de Emil Ruder e Dan Friedman

Mas, mais significativo ainda, ao realizar esse trabalho, Nakata inadvertidamente produziu um ícone da era do design *new wave*, ou pós-moderno, que foi reproduzido em vários livros de história do design como um exemplo daquele período. "O projeto de Nakata definitivamente inovou mais que a maioria dos outros", lembra-se McCoy, que continuou a pedir essa sequência de trabalhos por mais uma década.

McCoy descobriu que esse projeto era a oportunidade perfeita para incentivar a participação dos alunos, pois a cada ano eles apresentavam novas exigências: "A sequência de maior destaque naqueles anos finais em Cranbrook foi criada por Andrew Blauvelt para a embalagem do detergente Tide. Andrew reparou que a sequência estava gerando uma abstração expressiva. Ele queria adicionar conteúdo simbólico e narrativo de imagens. Eu considerei que essa observação era excelente e, por consequência, incluímos alguns estágios que adicionavam imagens no lugar de formas abstratas para construir uma história. Andrew fez isso melhor que ninguém. Sua percepção me levou a desenvolver uma seção adicional à sequência do trabalho que focava na narrativa e, por causa disso, a proposta se tornou muito mais significativa. A moral dessa história: é importante dar ouvido aos alunos excelentes, responder a suas ideias e construir a partir delas. No final, o professor sempre é quem mais aprende." Um trabalho bem concebido está repleto de oportunidades para o desenvolvimento de ambos os lados do cérebro bifurcado. Ao mesmo tempo em que testam a resistência do aluno, os melhores enunciados estabelecem a fundação de um comportamento profissional sólido. Mesmo os trabalhos mais ecléticos deveriam inculcar lições que poderão ser aplicadas em práticas futuras. Portanto, um trabalho não deveria ser visto como um fim em si mesmo, mas como um degrau que leva a um objetivo maior. A curto e longo prazos, não basta solucionar o problema apenas para ganhar uma nota que garanta a aprovação no curso. O resultado de um projeto tem mais valor. Considerando-se o grupo, ele permite que todos na aula aprendam a partir dos sucessos e dos fracassos. Trabalhos acadêmicos são parte integrante do processo de crescimento, portanto, compreender como e por que escolas e programas de design, tanto na graduação como na pós-graduação, desenvolvem seus trabalhos é crucial.

Escola de design revê mais de cinquenta trabalhos de qualidade e ecléticos, concebidos em diversas escolas internacionais. Apesar de os costumes e os idiomas dessas escolas variarem, a linguagem do design e muitas vezes os objetivos educacionais são extremamente similares. Diferentes países podem ter suas próprias razões culturais ou comerciais sobre como utilizam o design gráfico, mas os fundamentos são os mesmos ao redor do mundo. Por mais distinto que seja um trabalho, ele tem o potencial de transpor diferenças culturais.

Os trabalhos neste livro foram cuidadosamente selecionados para cumprir essa missão; se mais projetos tivessem sido escolhidos, a

↑ **The Vernacular Message Sequence**

A embalagem do detergente Tide, por Andrew Blauvelt

maioria acabaria provavelmente sendo bastante parecida. A principal missão de qualquer programa de habilitação em design é alfabetizar o aluno na linguagem do design. Portanto, os trabalhos desenvolvidos ao longo do curso costumam ter como objetivo exercitar os músculos tipográficos ou conceituais, e isso não diverge muito de um certo viés padrão. Não importa em que lugar do mundo esteja uma escola, a maioria das aulas de tipografia ensinam os mesmos conhecimentos e habilidades fundamentais – seria besteira fazer de outra maneira. Devido à ampla disseminação de tendências e estilos de design por meio de revistas e *websites* especializados, o mundo é um lugar pequeno quando se trata de tipos e tipografia. Em algum ponto na educação de todo aluno, no entanto, é essencial que se abandonem as metodologias tradicionais, nem que seja apenas para enfatizar que as regras devem ser quebradas, para que a criatividade prospere. Desprezo pelas regras em demasia pode ser um exagero, claro; trabalhos que de uma só vez ensinam técnicas eficazes e encorajam o pensamento não convencional são necessários para inculcar nos alunos a ideia de que o design gráfico é um equilíbrio entre o novo e o antigo, o conservador e o excêntrico, o seguro e o perigoso.

Os trabalhos escolhidos para esta obra, portanto, não se sujeitam a apenas um estilo ou um método específico dominante, mas a maioria deles tem uma coisa em comum: o contexto social. Muitos educadores concordam que ensinar tipografia e imagens sem prover um contexto do mundo real é como dirigir um carro por um longo trecho de estrada em linha reta – é seguro e entediante, e o motorista não aprende quase nada. Por outro lado, um bom trabalho opera no sentido de como lidar com todos os riscos da estrada dentro de um simulador de automóveis – seguro, mas desafiador – e um projeto excepcional é como rodar por uma estrada realmente perigosa em um carro de verdade sem *airbags*. Apesar do aluno estar de certa forma protegido pelos muros do ambiente acadêmico, ao receber um projeto do mundo real com variáveis, limitações, e consequências, os resultados são incontestavelmente menos rarefeitos. Muitos desses trabalhos foram selecionados porque os professores removeram os *airbags*, e os alunos demonstraram coragem e engenhosidade.

O objetivo desse livro não é meramente exibir trabalhos interessantes, apesar de todos serem exemplares; avaliar trabalhos desenvolvidos em cursos de todo o mundo revela as características em comum e particulares que contribuirão para uma maior compreensão do design e de como educar aqueles que o praticam. Mas, além desses objetivos elevados, o nível de criatividade desses alunos é bastante extraordinário. Sem dúvida, todos os professores anseiam pela apresentação dos trabalhos, porque é nesse momento que as grandes ideias surgem e é quando descobrem quais alunos realmente valem seu peso em ouro. ∎

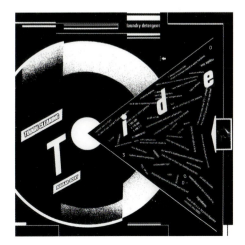

Seção 1

Anatomia de um trabalho bem-sucedido

A perspectiva do professor

QUANDO REQUISITADOS A AVALIAREM os objetivos e as expectativas dos trabalhos de suas respectivas turmas, uma dúzia de professores de design concordou (independentemente do tipo de curso ou do nível de experiência) quanto a três resultados desejados: 1) desafiar o aluno: um trabalho deve oferecer variáveis e incertezas o suficiente para que os alunos possam testar suas habilidades e talentos e, em uma análise final, surpreender tanto o professor como a si mesmos; 2) educar o aluno: um trabalho deve oferecer perguntas a serem respondidas para que os alunos aprendam algo novo ao fazerem algo original; 3) elevar o aluno: um trabalho pode lançar o estudante a duas direções opostas – sucesso ou fracasso. Apesar do primeiro ser óbvio, o segundo pode causar perplexidade. Muitas vezes, no entanto, é apenas por meio do fracasso que um aluno consegue receber a melhor crítica e absorver as lições corretas. Um fracasso não vai produzir uma peça excelente para o portfólio, mas pode ter uma influência a longo prazo. *Desafiar, educar* e *elevar* são os blocos fundamentais de uma educação sólida, e alcançar essa combinação requer uma devoção generosa por parte do professor e uma vontade de aprender intensa por parte do aluno. Um excelente trabalho de classe pode tornar real a experiência educativa.

Da perspectiva do professor há ainda um resultado adicional: ter um trabalho envolvente que é comentado e recebido com conhecimento prévio com o passar do tempo, tornando-se lendário tanto entre alunos como entre professores. Trabalhos lendários são perenes (nunca parecem se tornar antiquados) porque o processo e os resultados são instrutivos. Um bom número de projetos de alguns instrutores de design bem conhecidos já alcançaram esse *status*. Na década de 1960, por exemplo, Milton Glaser e Henry Wolf pediam que seus alunos da disciplina de design editorial da School of Visual Arts produzissem uma revista inteira à sua escolha, e, apesar de isso parecer comum hoje em dia, na época esse era um viés inovador para ensinar design editorial, pois os alunos se tornavam também editores. O projeto criava uma comunidade e ressaltava os pontos fortes (e também os fracos) dos participantes.

Um projeto dessa espécie torna-se célebre porque, assim como qualquer fonte essencial de conhecimento ou de experiência, ele gera expectativas nos alunos e no professor. É como se participar desse exercício em particular fosse alterar o curso da carreira do estudante, para melhor e para sempre. Isso não quer dizer, no entanto, que apenas projetos lendários conseguem alcançar esse tipo de objetivo, pois mesmo as tarefas mais rotineiras podem deixar uma marca indelével na compreensão ou apreciação de design de um aluno. E esses projetos, apesar de não registrados, são igualmente importantes.

Todos os professores pedem trabalhos pontuais que abordam facetas essenciais de suas disciplinas em particular. Desenhar uma série de capas de livro faz sentido para uma aula de tipografia; criar videoclipes é adequado para uma aula de animação. Cada vez mais, no entanto, os professores das aulas de design básico e intermediário estão pedindo trabalhos menos previsíveis e mais personalizados, com a finalidade de desafiar o aluno e instigá-lo a se adaptar a problemas do mundo real.

O que em última instância determina se um projeto é altamente eficaz é como ele formata a prática coletiva do design. Idealmente, ele deveria seguir a equação: a (habilidade ou talento) + b (acuidade conceitual) = c (nível maior de performance). Um projeto personalizado grandioso faz tudo isso e ainda instrui. Se bem planejado, um trabalho promove interação e colaboração para que os alunos aprendam não apenas com as demandas do trabalho (ou as exigências do professor) mas também uns com os outros. O professor deve fornecer os parâmetros e então avaliar o resultado, e ainda assim trabalhar com seus pares para moldar uma conclusão particular, que é pelo menos 50% do processo de se resolver um problema.

Um bom trabalho de curso é inflamável, é combustível que faz funcionar o motor criativo; ou, para falar de maneira menos metafórica, é o princípio, não o fim, de uma prática. Ele deve levar a outros resultados além do âmbito de uma matéria em particular; deve levar ao nível educativo seguinte. Contexto é tudo, é claro. Presume-se que trabalhos voltados para alunos de primeiro ou segundo ano são mais básicos que aqueles dos alunos de terceiro e quarto, enquanto aqueles de alunos de pós-graduação serão mais complexos e cheios de nuances.

Isso não quer dizer que um projeto de segundo ano precisa ser mais simples que o trabalho do quarto ano. A responsabilidade do professor em todos os níveis é fazer o aluno lidar com problemas (e, em seguida, adicionar reviravoltas a essas dificuldades).

COMO DESENVOLVER UM EXCELENTE TRABALHO DE CURSO

UMA DAS TAREFAS MAIS DIFÍCEIS para o professor – além da transmissão de conhecimento, que já não é uma proeza simples – é elaborar um trabalho inspirador para a sua disciplina. Mesmo que qualquer um seja capaz de bolar um teste de improviso, conceber um trabalho bem pensado é como escrever um roteiro com início, meio e fim. O professor deve antecipar a reação do aluno ao mesmo tempo que dá espaço para a interpretação ou reinterpretação do enunciado. Um professor veterano pode já ter visto todas as respostas possíveis com o tempo, mas se o trabalho tiver nuances o bastante, a surpresa está embutida no produto final.

Como então é concebido um trabalho? Depois de discutir o processo com vários professores, emergiu um consenso. As perguntas mais importantes são "Como o projeto vai promover o aprendizado?" e "Quais lições é essencial que se aprenda?". Se a matéria é sobre embalagem, por exemplo, o projeto deve permitir que o aluno acesse o conhecimento teórico adquirido ao longo do semestre e o transforme em ações práticas. Alguns projetos de embalagem dão ênfase aos rótulos, enquanto outros se concentram em materiais sustentáveis; alguns estão interessados em novas formas, outros se limitam às formas existentes. A meta dita as exigências do trabalho.

Trabalhos simples – incluindo aqueles devotados à fluência em design, manipulação de imagens, ou teoria de cores – têm caminhos bastante óbvios. Mas trabalhos mais arrojados, que envolvem um bom número de variáveis – o tipo que faz os estudantes se perguntarem por que têm de fazê-lo –, têm soluções menos evidentes. Aqui, alguns professores da School of Visual Arts de Nova York contam como e por que desenvolveram seus trabalhos incomparáveis.

Allan Chochinov
O projeto do catador de fezes

MFA – Design, School of Visual Arts, Nova York, EUA

Descreva brevemente o trabalho da disciplina.
Projetar um catador de fezes é um trabalho ótimo para se dar como um quebra-gelo no início do semestre. É divertido e irreverente, e parece ser de fácil solução. Rapidamente, no entanto, os alunos descobrem que o problema é muito mais complicado do que eles pensavam: além das questões ergonômicas e mecânicas, há todo um mundo de descobertas sobre saúde pública, comunidade, regulamentos, travas pessoais, conveniência e cuidados. É um probleminha besta com enormes possibilidades.

O que inspirou esse trabalho?
Para falar a verdade, eu realmente trabalhei no projeto de um catador de fezes bem no comecinho da minha carreira profissional. No estúdio, decidimos que, para que essa tarefa fosse considerada um sucesso, nós almejaríamos que ele fosse vendido na loja do MoMA. Infelizmente, não havia como: naquela época eles se recusavam a vender qualquer produto para animais. Hoje vendem vários.

O que você espera obter dos alunos que fazem esse trabalho?
Eu descobri que muitos dos alunos de design são obcecados pela funcionalidade, e raramente consideram questões além da mecânica do objeto em si. Esse trabalho é um verdadeiro cavalo de Troia; ele desafia os designers a resolverem um problema relativamente insolúvel – é muito difícil superar um saco plástico – e rapidamente os conduz a estratégias, pensamentos sistemáticos, etnografia, antropologia e sustentabilidade.

Que surpresas emergem desse trabalho?
Eu diria que sempre fico pasmo com a soluções que saem desse problema. A diversidade é incrível, e muitas das soluções se tornaram icônicas para mim em termos de raciocínio de design e recompensas pedagógicas.

Você já pede esse trabalho faz algum tempo; como ele tem se alterado?
Bem, eu não tenho certeza de que o problema tenha se alterado, mas eu mudei. É importante nunca categorizar o trabalho de um aluno, mesmo que seja algo que você já viu antes. O trabalho serve para mim como um lembrete de que devo sempre valorizar os esforços e vieses pessoais dos estudantes. O problema sempre é uma novidade para eles.

Ele alcançou suas expectativas?
Minhas expectativas são sempre superadas pelos alunos, não importa qual seja a tarefa. Essa é uma das melhores coisas sobre dar aula.

↑
Da esquerda para a direita: os esboços do processo do catador de fezes; réplicas de fezes; investigação sobre as opções de catador de fezes no mercado.

James Victore
O estúdio urbano

Publicidade e design, School of Visual Arts, Nova York, EUA

↑ Stencil
Aluno: Krzysztof Piatkowski

↑ **Yard Sale**
Aluna: Victoria Abrami

Descreva brevemente o trabalho da disciplina.
A turma recebe a alcunha de Estúdio Urbano. A missão é que os alunos façam trabalhos completos, sem as rédeas das restrições comerciais e os levem para um público real em Nova York. No início, concebíamos a aula como uma maneira dos alunos experimentarem como é chegar ao fim de seu projeto da maneira mais completa – e querer mais. Mas, na verdade, ela se tornou uma aula sobre coragem. Nós levamos os alunos a situações em que o design gráfico por si só não será útil, eles têm que interagir com o público e isso muda a intenção para algo muito além do esperado.

O que inspirou esse trabalho?
A frustração! Eu estava frustrado com as vias comerciais e também em aconselhar os alunos do último ano na hora de montarem seus portfólios.

O que você espera obter dos alunos que fazem esse trabalho?
Eu espero que eles se tornem ainda mais empolgados com design gráfico.

Que surpresas emergem desse trabalho?
Como parte da disciplina é realizada fora da sala de aula, acontecem coisas muito inesperadas. Colaborações acidentais com outros alunos, policiais, sem-teto e nova-iorquinos em geral tornam-se grandes surpresas. Recentemente tivemos uma aluna que passava vinte minutos dando abraços grátis na rua; as reações foram humanas e excelentes, assim como inesperadas. Outro aluno criou uma área de bolhas de sabão em Union Square que, a certa altura, reuniu entre setenta e cem pessoas.

Você já pede esse trabalho faz algum tempo; como ele tem se alterado?
Eu aperfeiçoei a maneira de propô-lo.

Ele alcançou suas expectativas?
Talvez. Minhas expectativas são muito altas. Talvez eu precise esperar e descobrir que tipo de profissionais esses alunos vão se tornar.

↑ **Free Hugs**
Aluna: Da Won Chung

Richard Poulin

Narração visual e forma narrativa

DESIGN E PROPAGANDA, SCHOOL OF VISUAL ARTS, NOVA YORK, EUA

Descreva brevemente o trabalho da disciplina.
Dois trabalhos intitulam-se *narração visual* e *forma narrativa*. O aluno recebe ou uma peça (*Angels in America: Millennium Approaches* – Angels in America: o milênio se aproxima, de Tony Kushner) ou um poema (*On the Pulse of Morning* – "No pulso da manhã", de Maya Angelou) para ler, analisar, e interpretar visualmente com tipografia e imagens fotográficas. Ambas as narrativas, apesar de extremamente diferentes em forma, compartilham do uso de simbolismo, da metáfora e de elementos narrativos ricos e descritivos.

Peça: os alunos têm de conceitualizar imagens fotográficas que comuniquem visualmente seus pontos de vista e suas interpretações do(s) tema(s) da peça. Eles estão limitados a imagens fotográficas compostas inteiramente com uma câmera. Essa limitação oferece aos alunos uma oportunidade de desenvolver mais a própria disciplina e a linguagem para conceitualizar imagens sem contar com um computador ou um *software* de manipulação de imagem. Tipografia, cor e composição são então desenvolvidas como elementos interpretativos de apoio, acessórios a suas imagens fotográficas. Os elementos finais tornam-se um pôster teatral para uma produção da peça.

Poema: Um viés conceitual similar ao descrito acima é utilizado com a narrativa do poema; no entanto, a solução final do aluno toma a forma de um livro. O aluno deve desenvolver um conceito apoiando-se em uma tipografia interpretativa e em imagens fotográficas que expressem visualmente o seu ponto de vista em resposta às palavras, metáforas, símbolos e temas da poetisa. As imagens deste problema de design são baseadas na pesquisa feita pelos estudantes de fotógrafos norte-americanos (por exemplo, Evans, Cunningham, Callahan, Goldin, Mapplethorpe, Siskind, Fink), que devem usar as fotografias escolhidas como elementos visuais significativos e eficazes para explicar e fortalecer a interpretação da narrativa.

↑ **Pôster do *Angels in America***
Designer: Joshua Carpenter

↑ Pôster do *Angels in America*
Designer/ Fotógrafo: Andrew Schoonmaker

O que inspirou esse trabalho?
Em ambas as situações, quando vi a peça pela primeira vez e quando li o poema, as obras influenciaram imediatamente a maneira como eu me relacionava e valorizava a palavra escrita enquanto designer. Ambas as formas narrativas contam com a imaginação do leitor. Eu sabia que em alguma altura eu utilizaria essas narrativas em atividades de classe, torcendo para que os alunos tivessem uma resposta similar e fossem inspirados de maneira similar.

O que você espera obter dos alunos que fazem esse trabalho?
Meu principal objetivo com esse projeto, assim como na maior parte das minhas propostas em classe, é que cada aluno desenvolva uma apreciação mais profunda pela palavra escrita. Com essa compreensão, eles perceberão como possuem uma relação direta com a forma narrativa, com a interpretação visual e com soluções eficazes, significativas e atemporais das comunicações visuais.

Que surpresas emergem desse trabalho?
Sempre me surpreendo quando solicito essa tarefa porque o resultado nunca é o mesmo. Cada aluno, mesmo quando se sente desafiado de início e por vezes perdido, cedo ou tarde encontra sua própria maneira de conectar-se com a narrativa, e também com uma parte muito pessoal dele mesmo, e inevitavelmente encontra uma solução muito particular. É muito recompensador como educador poder ser constantemente surpreendido pelas respostas de seus alunos.

Você já pede esse trabalho faz algum tempo; como ele tem se alterado?
A tarefa não mudou com o tempo, apenas as interpretações, vieses e soluções finais de meus alunos.

Ele alcançou suas expectativas?
Eu tenho muita sorte de que na maioria das vezes essa tarefa (e, ainda mais, meus alunos) excedeu minhas expectativas, principalmente porque repetidas vezes eles desafiaram a si mesmos para desenvolverem novas formas de enxergar, interpretar e, ultimamente, comunicar os temas e mensagens dessas narrativas de maneiras únicas e excitantes, que eu não havia considerado previamente.

← Livro *On the Pulse of Morning*
Aluna: Sarah Berends

CONSEGUINDO RESULTADOS DE UM ÓTIMO TRABALHO DE CURSO

UMA COISA É CONCEBER UM GRANDE EXCELENTE trabalho, outra é extrair resultados significativos. Podem pressupor que qualquer coisa que um professor peça para um aluno fazer será encarado com vigor e inteligência. Ledo engano! Muitas vezes um trabalho não será tratado da maneira que o professor planejou. Afinal de contas, a maior parte dos alunos tem cargas horárias distintas, e recebem tantas tarefas ao longo do semestre que têm de fazer uma triagem delas – concentrando-se em uma ou duas e prejudicando outras. Então, o desafio do professor é também certificar-se de que o aluno se dedique ao trabalho. Como isso é feito pode ser um enigma tão difícil quanto o da esfinge ou tão fácil quanto jogar uma bolinha para um cachorro pegar. Depende apenas da apresentação.

Claro, conseguir boas notas – ou as consequências de não obtê-las – é a motivação mais importante para qualquer aluno. Mas faz parte do trabalho do professor promover o projeto com fervor e paixão. Os alunos vão reparar em qualquer indício de que aquela tarefa é rotineira, mas também vão fazer jus quando for especial. O truque é transformar um trabalho do curso em algo tão especial que os alunos sintam que terão deixado algo único passar se não se dedicarem a ele com todas as suas forças. Se a apresentação do projeto é vigorosa, não importa quão rotineiro (ou mesmo mundano) é o problema.

O resultado de qualquer trabalho é promover críticas em sala de aula que vão estimular e educar. Se é apresentado de maneira convincente, o produto final esperado – uma experiência valiosa para o aluno e para o professor – vai emergir.

O QUE OS PROFESSORES QUEREM

OS ALUNOS QUEREM CONHECIMENTO, sabedoria, experiência e, ultimamente, emprego. Professores querem estudantes sérios que, além de absorverem todas as coisas acima e conseguirem bons empregos, levarão o design ao estágio seguinte. Como os alunos respondem a trabalhos desenvolvidos no curso muitas vezes indica exatamente o quão bem-sucedidos eles serão. ∎

A perspectiva do aluno

OS ALUNOS ANSEIAM POR TRABALHOS DE AULA que lhes permitam expressar sua personalidade, ao mesmo tempo que aprendem lições valiosas sobre design. Se o exercício for fácil demais, eles não conseguem evoluir. Trabalhos exemplares devem desafiar vigorosamente os alunos conforme eles expõem o conjunto de suas habilidades a experiências novas. Se, durante o processo, o que eles conceberem ficar bonito em seu portfólio, bem, isso é a cereja do bolo.

BENEFICIANDO-SE DE UM TRABALHO EXCELENTE

UM TRABALHO DEVERIA TESTAR AS APTIDÕES técnicas e criativas dos alunos, forçá-los a pensar rapidamente e estrategicamente, e prepará-los para desafios futuros de design. Qual é a novidade? O que os alunos querem e necessitam de uma tarefa pode estar aberto a debate, mas uma pesquisa feita entre os estudantes da School of Visual Arts revelou que eles concordam no que se refere aos atributos fundamentais e aos objetivos de se realizar um trabalho excepcional.

O primeiro atributo de um trabalho de design excelente é que ele promove pensamento crítico. Quando se pede que os alunos lidem com contextos ideológicos, sociológicos, políticos e históricos da cultura atual, eles aprendem a encontrar soluções para problemas que a maior parte das pessoas acredita serem grandes demais para atacar. Eles aprendem também como criar e contar visualmente uma grande história, sem emoções ou julgamentos. Antes de mais nada, os alunos valorizam trabalhos que estimulem como solucionar problemas de design; eles também dão muito valor para tarefas que lidam com questões sociais. Alguns dos melhores *briefings* são conceituais – e exigem raciocínio agudo –, como por exemplo desenhar um pôster sobre a primeira memória criativa, ou transformar um objeto sem valor em algo valioso por meio da embalagem. Como disse um aluno satisfeito, "uma tarefa aparentemente simples e extremamente imbecil acabou por se revelar uma missão de complexidade e seriedade subjacentes."

O segundo atributo de um trabalho bem-sucedido depende das *críticas do corpo docente*.

A resposta crítica de um professor exerce uma influência enorme sobre como os alunos se sentem e progridem com relação a seus trabalhos. Os alunos consideram a crítica uma parte essencial do processo, alguns chegam a considerar que ser "destruído" durante uma crítica é parte integral de seu crescimento. A crítica ajuda imensamente, especialmente logo no início, e permite que os estudantes se mantenham no rumo certo. Eles se beneficiam da experiência e do conhecimento do corpo docente e, quando os professores compreendem o que eles estão tentando alcançar, o produto final fica melhor. Alunos que querem

e você tem de voltar para os rascunhos. Às vezes é um sucesso e às vezes é um grande desastre. Mas trabalhos que o forçam a pensar estrategicamente, criativamente e rapidamente são aqueles que o ajudam a se preparar para o futuro."

Os trabalhos de aula excelentes mantêm os alunos no rumo certo e oferecem estrutura – e essa é a chave. Mas eles também encorajam os alunos a desenvolverem inúmeras habilidades que lhes serão úteis com o passar do tempo. Esses projetos muitas vezes são claros, mas os melhores exigem um tanto de interpretação. Apesar de haver dificuldades por se deixar o

Apesar de haver dificuldades por se deixar o enunciado em aberto, os problemas que encorajam a divergência da norma são os mais valiosos.

que seu trabalho final seja reconhecido por profissionais da área valorizam as críticas individuais. Mesmo no fim do processo, o juízo pode ajudar a refinar e aperfeiçoar uma ideia. "Críticas do corpo docente formaram a direção da minha ideia – que já estava bastante desenvolvida", relatou outro aluno. "No entanto, eu sinto que fui capaz de desenvolvê-la por meio da experiência deles."

O terceiro atributo de um grande trabalho é que ele gera crescimento pessoal. A maioria dos alunos concorda que os melhores trabalhos de aula são aqueles que os forçam a se desenvolverem de maneira mais pessoal. Desafios criativos ajudam os estudantes a determinarem quem são eles como designers, são inspirados a pensar. Qualquer tarefa que permita que o aluno reflita como as pessoas são afetadas e tocadas pelo design oferece material para um trabalho futuro. Os trabalhos levam os alunos a compreenderem o impacto que o design pode ter junto a um público-alvo e fazem com que eles sintam que não são apenas profissionais que dão forma mas também fornecedores de conteúdo.

"Um trabalho valioso é aquele que o leva por todo tipo de emoção possível", apontou um aluno quando perguntado sobre os trabalhos desenvolvidos ao longo do curso. "Você fica empolgado, raivoso, indiferente. Você questiona a ética e a estética. Você planeja as coisas para acontecerem de uma maneira, mas daí algo muda

enunciado em aberto, problemas que encorajam a divergência da norma são os mais valiosos. "Eu aprendi que a maneira como você interpreta o enunciado do trabalho tem um efeito dramático em como você faz o serviço no mundo real", explicou um aluno. Os estudantes também aprendem com seus colegas de classe, especialmente como todos são diferentes – como eles resolvem os problemas por variadas vias – e como é importante não subestimar o talento e inteligência. Os alunos podem ajudar a estabelecer os padrões para o ritmo e a qualidade. "Observar como projetos diferentes atravessam os mesmos estágios provou-se inspirador e permitiu que nós experimentássemos juntos.", relatou outro estudante. Realizar um trabalho requer escutar muito ao enunciado, ao professor e a outros alunos. Mas cada um tem sua própria maneira de escutar. Como afirma um pupilo, "você não consegue escutar a todos, então é melhor você ouvir as opiniões com que você concorda instintivamente". E outro acrescenta: "eu aprendi a seguir meus instintos e levar uma ideia completamente do pensamento à fruição."

Os alunos rotineiramente consideram como os piores trabalhos de aula aqueles que não oferecem tempo o suficiente para serem feitos. "Quando não há tempo sequer para se terminar de pensar numa ideia e você já tem que começar a executá-la, como, por exemplo, tentar projetar um *website* em um dia" é uma reclamação típica.

No entanto, limitações de tempo são parte do processo de design, e compreender e se ajustar aos obstáculos é parte da estrutura aceitável.

Os alunos também ficam infelizes com um trabalho quando se sentem mal preparados para completá-lo – mas haveria melhor razão para se dedicar a um trabalho que encontrar o rumo certo? Mesmo assim, eles muitas vezes igualam um trabalho fracassado com uma falta de paixão pela tarefa em questão. Apesar de sempre haver desculpas para não se sair bem (e desinteresse não deveria ser ignorado), todo trabalho pode ser percebido como um obstáculo ou como uma oportunidade. Frequentemente, os estudantes dizem que bons trabalhos lhes dão a confiança para pensar em soluções para problemas aparentemente insolúveis ou para abandonar suas zonas de conforto e praticar o design em situações em que a ausência de controle absoluto é um requisito.

A medida de um trabalho bem-sucedido não é necessariamente a nota ou o produto final.

"Eu não tenho certeza que nossos produtos finais foram os melhores que nós já fizemos na vida", disse um aluno, "mas acho que o que era importante nesse trabalho eram todos os estágios que tivemos que percorrer no caminho". Para alguns, a palavra "pesadelo" precede o sucesso: "Foi um pesadelo absoluto, e é por isso que eu adorei. Eu nunca havia trabalhado no meio que me foi exigido antes, e tive problemas o tempo todo. No entanto, o produto final acabou ficando bom, e desde então eu utilizei o processo em outros projetos."

A resposta para o que torna um trabalho de aula interessante sempre variará porque cada professor e aluno se preocupa com um conjunto distinto de objetivos e prioridades. Interessante e entediante são dois extremos do espectro, mas mesmo em uma mesma aula eles podem se sobrepor, dependendo da necessidade do aluno. Os estudantes do programa MFA Designer as Author, da School of Visual Arts, ponderam suas perspectivas.

Steven Haslip, aluno de pós-graduação

SCHOOL OF VISUAL ARTS, NOVA YORK, EUA

Qual foi o trabalho mais interessante para você?
A tarefa era fazer uma apresentação visual de um trabalho de um colega de classe, apontando suas características e qualidades. Depois, tínhamos que projetar nossa própria interpretação de nós mesmos.

Explique por que esse foi o trabalho mais interessante.
Fazer um design de você mesmo muitas vezes é a tarefa mais difícil que pode surgir. Ao olhar para mim mesmo através das lentes de outra pessoa fui capaz de começar a compreender o que eu queria comunicar para os outros. Agir como cliente e como designer me deu uma compreensão maior do processo pessoal de desenhar para si mesmo. Eu senti que por causa das análises por vezes assustadoramente precisas das minhas características, eu pude comunicar melhor minhas principais qualidades de maneira espetacular.

O que você pretende obter de um trabalho?
Distanciar-se de um trabalho pode ser um método eficaz de entender a mensagem que você quer comunicar. É preciso se certificar de que os outros

enxergam o seu ponto de vista, e então, ver com os olhos de outra pessoa é vital quando se presta um serviço para o cliente.

Qual é o aspecto mais significativo de um trabalho?

Eu acho que o processo criativo é muitas vezes mais importante que o próprio produto final. Você aprende muito mais em conversas informais com colegas de classe do que nas críticas finais. Ao se trabalhar para um colega de classe, o projeto era mantido em segredo, o que garantia que a crítica final fosse algo instigante e até emocional.

Como você avaliaria o sucesso de um trabalho?

Apesar de sentir que se aprende mais com os maiores erros, a raiz do sucesso era quanto o trabalho final refletia o indivíduo que ele representava. A essa altura do ano, nós conhecíamos a personalidade e habilidades uns dos outros de tal maneira que o trabalho se assemelhava à pessoa num nível impressionante.

Algum trabalho já mudou a maneira como você pensa e executa uma tarefa?

Sim, com certeza. Acho que as aulas mais gostosas são aquelas que fazem você questionar seus hábitos e processos de trabalho. Muitas aulas formularam questões monumentais, e não há nada pior que se ter todas as respostas. ∎

Mariana Uchoa, aluna de pós-graduação

SCHOOL OF VISUAL ARTS, NOVA YORK, EUA

Qual foi o trabalho mais interessante para você?
Projetar um catador de fezes.

Explique por que esse foi o trabalho mais interessante.
Eu achei interessante descobrir que o projeto não era sobre o objeto em si – não há um problema de design aqui, as pessoas simplesmente usam sacos plásticos ou biodegradáveis para catar as fezes do animal, não há necessidade de outro produto. O projeto era sobre todo o sistema de se catar fezes e tudo que envolve esta ação. Claro, nós tivemos que descobrir isso por conta própria, então a primeira semana foi um desastre – todos nós chegamos na aula com essas engenhocas terríveis. Mais tarde entendemos o que era para ser feito e os resultados foram muito interessantes.

O que você pretende obter de um trabalho?
Neste caso, eu realmente aprendi a enxergar o problema como um sistema, não como um objeto.

Qual é o aspecto mais significativo de um trabalho?
Tudo que se pode aprender dos diversos estágios – não necessariamente o resultado final em si, mas todo o processo até chegar nele.

Como você avaliaria o sucesso de um trabalho?
Sucesso é quando você vê todos os alunos entenderem do que se trata o trabalho e descobrirem como tirar o máximo proveito dele.

Algum trabalho já mudou a maneira como você pensa e executa uma tarefa?
Sem dúvida. Em outra matéria pediram para desenharmos nosso "processo de design". A princípio foi difícil pensar sobre isso e perceber que eu tenho um processo passo a passo que sigo quando eu trabalho em um projeto. Então, mostraram para nós alternativas para esses estágios. Isso é algo que eu pouco a pouco estou incorporando ao meu trabalho. ■

Scott Suiter, aluno de pós-graduação

SCHOOL OF VISUAL ARTS, NOVA YORK, EUA

Qual foi seu trabalho mais interessante para você?

Eu fiz vários trabalhos na EAV, mas durante uma aula de *branding* no curso de graduação em Artes de Mídia e Design da UCLA, pediu-se que vários grupos criassem o conceito de um dispositivo móvel sem qualquer limitação, em particular quanto às suas funcionalidades. Em vez de partir direto para a criação, pedia-se que nós fizéssemos duas semanas de pesquisa de campo. Nós tínhamos que carregar um pedaço de madeira de quase seis polegadas ao longo do dia e, conforme vivíamos nossa rotina, nós analisávamos as situações em que um dispositivo móvel seria útil. Além de apenas carregar um pedaço de madeira conosco durante nossas atividades diárias, pedia-se que visitássemos aeroportos, mercados e eventos esportivos, entre outros lugares. Por meio dessas vivências, começaram a surgir lacunas em que esse dispositivo móvel poderia oferecer uma solução para ineficiências já existentes.

Explique por que esse foi o trabalho mais interessante.

Ele me ajudou a encarar minha pesquisa de uma maneira completamente nova. Ao carregar um objeto inanimado comigo, tornou-se fácil associar livremente o potencial de sua funcionalidade. Ele me ajudou a aprender que a pesquisa para um trabalho pode, e deveria, vir de fontes tangenciais.

O que você pretende obter de um trabalho?

Esse trabalho reconfirmou que a pesquisa é a parte mais importante do processo de design. Conforme passo por diferentes trabalhos, vario os meus métodos para obter informação sobre um assunto.

Qual é o aspecto mais significativo de um trabalho?

Experimentar um processo novo. Numa época em que é tão fácil utilizar a internet para todos os propósitos de pesquisa, esse projeto enfatizou a importância de táticas de pesquisa direta. Ao experimentar algo novo e a princípio um pouco desconfortável, as limitações da minha avaliação crítica tornaram-se muito mais relaxadas. De forma similar ao clichê da "tela em branco", esse pedaço de madeira em branco foi capaz de se tornar qualquer coisa que minha mente gostaria que ele se tornasse. Apenas depois de todo esse *brainstorm* que eu saí e fui encontrar os meios lógicos por meio dos quais esse produto poderia funcionar.

Como você avaliaria o sucesso de um trabalho?

O cronograma de três meses dessa aula não permitia a pesquisa de materiais, produção, ou um modelo de negócios completo. Mesmo assim, o sucesso do trabalho se baseava na viabilidade em potencial. Meu grupo desenvolveu um produto até o ponto em que fomos capazes de fazer com que o painel de professores e colegas ficassem animados com sua funcionalidade teórica. Mas o sucesso pessoal do projeto foi o resultado desse novo método de pesquisa, que me ofereceu a possibilidade de pensar de uma maneira nova.

Algum trabalho mudou a maneira como você executa uma tarefa?

Eu sinto que meu processo de educação é cumulativo, e que cada aula e experiência educativa construiu a maneira como eu trabalho e penso. ■

Irina Lee, aluna de pós-graduação

SCHOOL OF VISUAL ARTS, NOVA YORK, EUA

QUAL FOI O TRABALHO MAIS INTERESSANTE PARA VOCÊ?

O de sinalização de rua para a aula de design urbano. O professor pediu para a classe desenhar placas de rua que deveriam ser instaladas em áreas públicas para os transeuntes verem. Eu criei uma placa que pedia para as mães marcarem mamografias. Foi assim que nasceu o trabalho "Minha mãe / Sua mãe".

EXPLIQUE POR QUE ESSE FOI O TRABALHO MAIS INTERESSANTE.

Esse trabalho teve uma conexão pessoal com algo que significava muito para mim. Minha mãe descobriu que tinha um câncer de mama que poderia ter sido detectado mais cedo. Apesar de ser um tumor de cinco anos, ela teve sorte do câncer ainda estar no estágio 1. Ela não fazia o exame de mamografia todo ano. Se eu soubesse disso teria pedido para ela fazer, e quem sabe o tumor tivesse sido descoberto antes.

Minha esperança era ensinar outros filhos e filhas que se comprometer com a saúde de suas mães é fácil e pode fazer a diferença. Foi igualmente interessante o que eu aprendi a meu próprio respeito. Eu aprendi a superar meu medo. Meu professor me ensinou que um grande trabalho só virá dos nossos maiores amores e dos maiores temores. Ele me ensinou a ter culhões e fazer design com o coração, a "ir em frente de acordo com o seu coração e continuar sorrindo". É incrível quanto poder e significado esse trabalho acumulou conforme eu deixava de ter medo e aprendia a me organizar.

O QUE VOCÊ PRETENDE OBTER DE UM TRABALHO?

Eu quero um trabalho que me faça ter medo. Eu preciso que ele me incentive a ir além da minha zona de segurança e me force a anular minhas sensações de segurança e descrença. Eu quero que ele faça a diferença.

QUAL É O ASPECTO MAIS SIGNIFICATIVO DE UM TRABALHO?

Ele tem de ser pessoal. O projeto precisa tocar algo dentro de mim. Descobri que quando você fala para as poucas pessoas certas, há repercussão, a massa segue.

COMO VOCÊ AVALIARIA O SUCESSO DE UM TRABALHO?

Quando o trabalho cria vida própria e se torna maior que você, é seu dever continuar trabalhando nele. Você percebe que não é mais uma questão de apenas cumprir o protocolo e terminar o trabalho. Pelo contrário, continuar e superar seus limites se torna uma obrigação. É isso que eu acho que define o sucesso absoluto.

ALGUM TRABALHO JÁ MUDOU A MANEIRA COMO VOCÊ EXECUTA UMA TAREFA?

Todos os projetos que eu concluí para o curso de Design Urbano me ensinaram como desaprender tudo que eu já tinha pensado sobre design. Antes de entrar nessa disciplina, eu era focada no "design" e em ser *cool*. Olhando para trás, acho que eu simplesmente tinha medo. Meu professor me ensinou a enxergar que o design é vazio se não for pessoal. Ele me ensinou como deixar de ter receio e como apostar alto. Se o seu trabalho não ressoa ou mexe com algo dentro de você, então por que fazê-lo? Antes, eu me preocupava muito com o enunciado criativo, as opiniões do cliente ou do professor, os parâmetros do trabalho e tudo mais, menos o que estava no meu coração. Quando você consegue ser honestamente feliz com seu trabalho, nada mais importa. Tudo que eu faço agora é para mim mesma, para minha mãe, para as pessoas que eu mais amo. Eu faço o que está em meu coração e aprendi a sorrir seguindo em frente. ■

O que os alunos querem

EM ÚLTIMA INSTÂNCIA, OS ALUNOS podem iniciar um trabalho com uma dose saudável de ceticismo e, se a tarefa despertar seu interesse, eles a concluem alcançando os resultados desejados. Sucesso e fracasso podem não ser mutualmente excludentes. O aluno que consegue uma nota alta por um trabalho bem-feito e aquele que obtém uma nota medíocre, mas aprende mais do que quando o projeto teve início, podem obter a mesma satisfação. ■

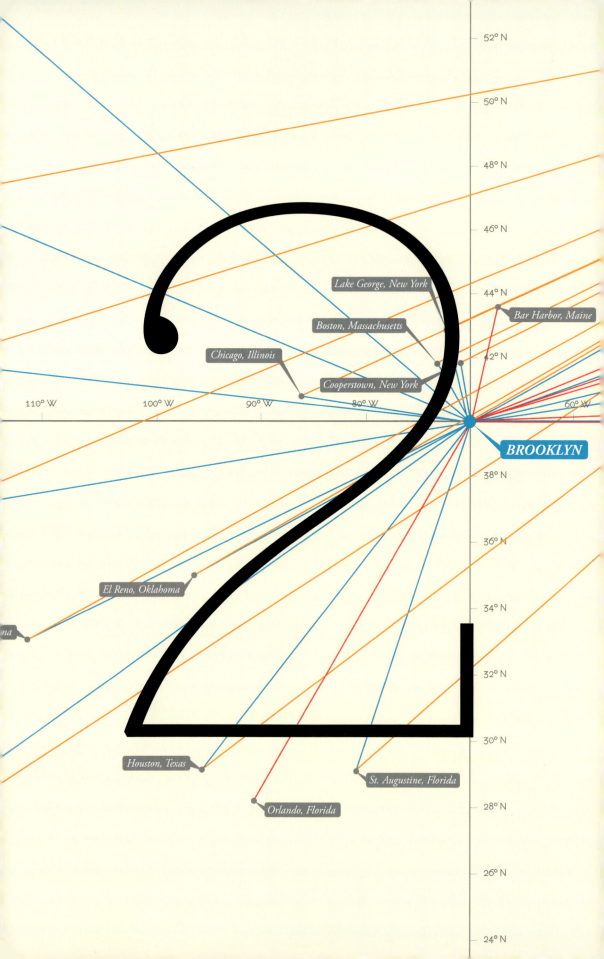

Seção 2

Os trabalhos

PEDIMOS PARA MAIS DE CINQUENTA PROFESSORES de escolas e programas de arte e design ao redor do mundo para apresentarem os trabalhos mais interessantes ou desafiadores que foram desenvolvidos em seus cursos. Os resultados são variados, mas a consciência social é um laço comum, e não excludente.

Pedimos aos professores que fornecessem uma meta para o trabalho, o objetivo e o resultado esperado. Enquanto a maioria ofereceu os dois primeiros, às vezes o objetivo e o resultado coincidiram. Pedimos que os alunos fornecessem um título e uma declaração de intenção. Aqui, a consistência deixou a desejar. A maioria era capaz de articular a sua meta, mas nem todos conseguiram. Muitos tinham títulos e alguns projetos não eram individuais o suficiente para serem cunhados. Em última instância, o trabalho fala por si mesmo quanto ao problema fundamental tratado, mas alguns se destacam porque transcendem o problema.

O que podemos aprender com esses trabalhos? Além de buscar fluência e *expertise*, os professores tentam incutir um sentimento de surpresa em seus alunos e os estudantes tentam usar essa habilidade em design para transmitir narrativas e explorar formas que serão utilizadas mais adiante em suas carreiras.

Nação Helvetica

Maryland Institute College of Art

BALTIMORE, MARYLAND, EUA

Matéria: design gráfico II
Nível: 2º ano
Docente responsável: Ellen Lupton
Duração do trabalho: duas semanas

ENUNCIADO
Crie um conjunto de ícones usando a tipografia Helvetica Bold. Utilize a ferramenta "faca" no Illustrator para cortar as letras em pedaços. Não altere a escala das letras e não as incline ou distorça para preencher vazios. Não edite ou altere o traçado subjacente das letras. Você pode copiar e reutilizar partes das letras. Faça oito ícones, que podem representar qualquer coisa: homens, mulheres, crianças, alienígenas, atletas, robôs, cachorrinhos, objetos úteis, ideias abstratas, etc. Seus ícones devem funcionar juntos como um sistema (escala similar, nível de detalhe, etc.).

META
Trabalhar com restrições; transmitir ideias usando recursos mínimos; dominar as ferramentas do Adobe Illustrator.

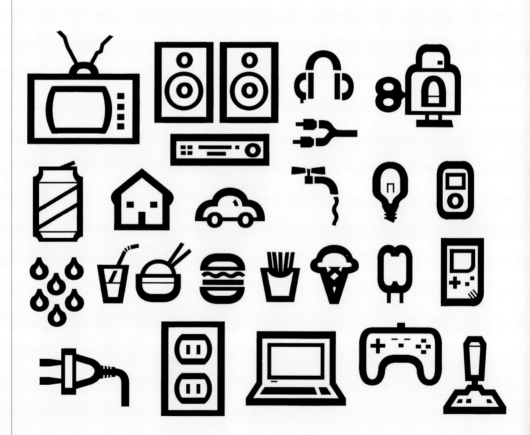

↑ Aluno: Alex Roulette

OS TRABALHOS · 29

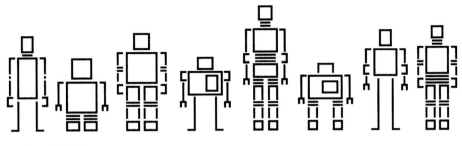

↑ Aluno: Colin Ford

↑ Aluno: David Colson

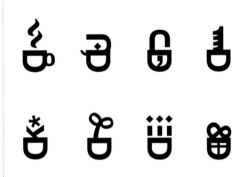

↑ Aluna: Yu Chen

↑ Aluna: Christine Ricks

↑ Aluna: Allie Kanik

↑ Aluno: Arda Erdogan

↑ Aluna: Julia Kostreva

Publicação de 10º aniversário da VCUQatar

Universidade Virginia Commonwealth, School of Arts, Catar

DOHA, CATAR

Matéria: design gráfico II
Nível: 2º ano
Docente responsável: Pornprapha Phatanateacha
e Law Alsobrook
Duração do trabalho: seis semanas

ENUNCIADO

A tipografia é o sangue do design gráfico. O objetivo desse projeto é auxiliar o aluno a desenvolver uma compreensão da tipografia e seu uso em uma mancha de texto maior em relação ao design da publicação, quanto à usabilidade e ao tipo de cliente, a fim de saber direcionar o conteúdo para o público. Esse projeto expande ainda mais a oportunidade de um aluno experimentar a função tipográfica, unindo organização e estética. Inicialmente, cria-se tanto o conceito como as especificações para a publicação do 10º aniversário da VCUQatar. Esse trabalho será um processo mais longo e mais envolvente do que os trabalhos anteriores, mas muitas das mesmas questões permanecem: hierarquia, público, ritmo, velocidade, sequência, escolha e uso da tipografia. Os sistemas tornam-se mais envolventes, mas eles também ajudam a estabelecer limitações. Quebrar as regras cria interesse.

META

Esse trabalho foi criado para ajudar alunos a reconhecerem e aplicar o conhecimento básico que adquiriram durante o segundo ano e o primeiro semestre do terceiro ano. A natureza holística desse trabalho permitiu que os alunos criassem o conceito para um projeto real com clientes de verdade, um público e conteúdo. O planejamento estratégico da tarefa permitiu que experimentassem os vários estágios do processo de design para uma publicação de grande porte. O projeto teve início com os clientes – nesse caso, o diretor e o codiretor da VCUQatar –, que explicaram seus objetivos e sua visão, o que permitiu que os estudantes desenvolvessem uma compreensão do projeto por meio de perguntas e respostas, de maneira muito similar à fase inicial do processo do design. Para encorajar

o trabalho em equipe entre os alunos, a classe foi dividida em grupos, com cada membro do grupo colaborando com diferentes habilidades. Passada a sessão de perguntas e respostas, os times desenvolveram cinco enunciados e projetos diferentes. Como resultado, puderam acompanhar a criação de várias permutações e direções do design. Concluída essa fase, os grupos se desfizeram e cada um foi encorajado a implementar individualmente o conceito, tendo por base a direção do design de seu grupo. Em última instância, exigiu-se que submetessem um manual de especificações do design final do projeto com orientações para tratamento tipográfico, palheta de cores, utilização de imagens, direção de arte para fotografias, materiais, etc. Exemplos de duplas reais, assim como o manual de design, foram apresentados para os clientes e avaliados para a seleção final.

PRODUÇÃO

Entre os resultados expressos para o projeto, os alunos foram expostos ao processo de design de publicações como uma simulação do mundo real, abrangendo desde interações e relacionamento com os clientes, passando pela interação com as ideias da equipe de design até a implementação individual do design. Como parte da aula, muitas questões de *prepress* foram abordadas para que os alunos começassem a compreender a tradução de suas ideias para soluções de design práticas e possíveis de serem aplicadas na página impressa. Ao final, os alunos acumularam experiências valiosas, tanto no aspecto do design como de produção, de como grandes quantidades de texto deixam de ser uma massa de palavras para se tornarem composições harmoniosas de texto, imagem, cor e conceito sobre a página impressa.

↑ Aluna: Sahar Mari; designer júnior: Zeina Said Hamady; estagiários: Rana Selo, Fatima Al-Mansoori; fotógrafo: Markus Elblaus

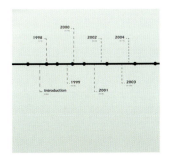 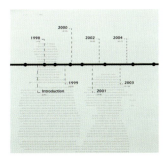 

↑ Aluna: Sahar Mari
Designer júnior: Zeina Said Hamady
Estagiárias: Rana Selo, Fatima Al-Mansoori
Fotógrafo: Markus Elblaus

O grupo do qual eu fazia parte sentiu que a ideia de deixar uma marca representava com sucesso o conceito de uma década de design, não apenas na VCUQatar mas também nas comunidades ao redor e nas regiões influenciadas por seu progresso. Por fazer uma graduação dupla em design gráfico e design de moda, decidi aplicar as ferramentas básicas que conectam essas duas áreas de estudo por toda a publicação: papel carbono e stencils. Ao experimentar essas ferramentas, ficou claro que a natureza desses conceitos-guia sugeria um design interativo. O princípio de "deixar uma marca" é inscrito literalmente nas páginas da publicação, ao retratar uma obra original seguida por seu impacto – exibido como uma sombra traçada, nas páginas seguintes. Essa técnica permitiu que a obra deixasse sua própria impressão e, ao mesmo tempo, reteve partes de suas características originais. A inspiração para essa técnica evoluiu da estrutura da nossa própria educação na VCUQatar; stencils simbolizam nossa educação em teoria do design, enquanto a noção de deixar uma marca representa nossa instrução em aplicação prática.

↓ Aluna: Fatima Al-Mansoori

Nós escolhemos cores ativas e vivas para captar a atenção do leitor e nos afastamos das cores que tradicionalmente são usadas nas publicações feitas pela VCUQatar. Amarelo para carinho e esperança, e também porque ela tem relação com nossas tradições e cultura; azul para simbolizar a água, e nossa pesquisa demonstrou que ela também traz uma sensação de juventude e energia; verde por ser uma cor clássica que também é cítrica, sensual, suculenta, abundante e traz uma essência natural; e, por último, rosa, por ser uma cor ardente, repleta de energia e, ao mesmo tempo, capaz de chamar a atenção. Meu objetivo principal era encontrar uma tipografia sans serif para tornar a publicação fácil de ler. Eu também buscava uma fonte que tivesse uma variedade de estilos e pesos para que pudesse ser utilizada em grandes tamanhos, títulos, ou texto corrido. A Myriad veio ao encontro com essas qualificações porque é uma fonte clássica com espaços negativos arredondados que lhe dão uma sensação de escrita feita à mão. Por outro lado, escolhi Boutros Ads Pro para ser a tipografia arábica. Ela tem arestas mais duras – algo que nós buscávamos, para criar um contraste entre as tipografias em inglês e em árabe. Inclui padrões como elementos de design para mostrar a influência cultural que essa parte do mundo tem na publicação. Coloquei esses padrões em papel transparente para ilustrar a ideia de que cultura e design influenciam-se mutuamente. Escolhi uma coleção de imagens que sugerem uma vida espontânea, alegre e ativa, sem deixar de combiná-las com a cultura que representam, o Oriente Médio. A maior parte das imagens documentam o processo do trabalho do aluno, incluindo cada graduação e os calouros do ano da fundação. Recortes e ângulos incomuns enfatizam as diferentes culturas e pontos de vista.

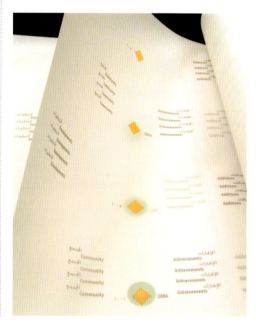

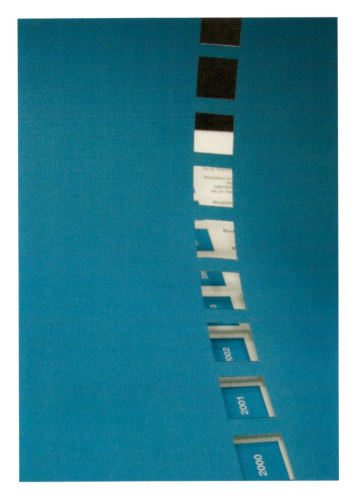

↑ Aluno: Ruda Ismail Zainal
Créditos adicionais: Zeina Said Hamady
Designer júnior; Rana Selo e Fatima Al-Mansoori
Estagiárias; e Markus Elblaus, fotógrafo

Utilizei a fonte Helvetica Neue em tamanhos diferentes ao longo da publicação. Ela é uma tipografia limpa e estática, o que me dá a liberdade de brincar com ela. As cores brilhantes foram escolhidas para chamar a atenção dos leitores, retiradas de elementos do meio ambiente, como dunas, água, pôr do sol e árvores (amarelo, azul, roxo, e verde). Essas cores permitem que o público sinta a história do Qatar e da VCUQatar. Cada capítulo se apropriou de uma cor para auxiliar o leitor a distinguir os tópicos. Nossa ideia principal era a de "deixar uma marca" e tentei mostrar como a VCUQatar deixa marcas permanentes na vida de seus alunos. A equação que eu usei foi: conhecimento + cultura = várias possibilidades. Desenvolvi esse conceito ao representar conhecimento e cultura por meio de formas simples que mudam de acordo com a relação entre cultura e conhecimento, criando possibilidades sem fim. Utilizei formas vazadas para representar o impacto que o passado tem sobre nosso futuro. Esses espaços criam sombras sobre a página seguinte e, ao virar a página, parte da página anterior está emergindo com a página seguinte, similar à realidade.

Do berço ao túmulo
London College of Communication

LONDRES, REINO UNIDO

Matéria: diploma em estudos profissionais
Nível: 1º ano
Docente responsável: Sarah Temple
Duração do trabalho: um semestre

ENUNCIADO
Escolha um utensílio doméstico durável, como um secador de cabelo, lava-louças, ou qualquer outro objeto muito utilizado, pesquise sobre ele e o analise. Crie então uma representação visual do seu uso ao longo de sua vida útil, do berço ao túmulo (*cradle to grave*). Você tem que criar essa representação visual em um meio que seja acessível e utilizável para que os consumidores a confiram antes de adquirirem esses produtos.

META
O mercado-alvo é o público em geral e especialmente aqueles que acreditam que é importante conhecer o *status* ecológico de um produto antes de comprá-lo. Seria significativo considerar a realidade do aquecimento global e a urgência de se começar a pensar em alternativas ao lidar com o consumo de energia. Muito material desperdiçado é invisível, e, como designers, deveríamos frisar isso visualmente e tornar simples para todos compreenderem o impacto ambiental de suas compras.

← **Environmental Labeling**
Aluna: Laura Harvey

Por meio de pesquisas, descobri seis estágios comuns pelos quais um dado produto passa ao longo de sua vida útil. Optei por desenvolver o *Environmental Labeling* em seis estágios usando um sistema de rotulagem que detalha o impacto ambiental de um produto em cada estágio de seu ciclo de vida. Desenvolvi uma série de ícones para representar cada período de seu ciclo para ilustrar o sistema de rotulagem. Da mesma maneira, usei um código de cores, títulos para os estágios e uma porcentagem dos valores ambientais de cada um deles para oferecer um reconhecimento imediato e informação mais aprofundada. O sistema poderia funcionar em toda uma gama de produtos duráveis.

← Tree/Chair:
How Comfortably Do
You Sit on This Issue?

Aluno: Neil Coward

Eu queria mostrar a vida de um produto de madeira (no meu caso, uma cadeira), do início ao fim, de forma muito simples e visual. Considerei a sustentabilidade de uma organização como a Ikea, e me perguntei se eles ofereciam ou não bons produtos para nós. Ao tirar a madeira da árvore, tentei simbolizar a fonte da madeira. Quando a madeira é reciclada, ela é transformada em serragem (um dos principais métodos de reciclagem), que é então utilizada para fazer papel. Escolhi propositalmente retratar o processo de uma maneira divertida para que os jovens pudessem compreender e ampliar seu conhecimento ao comprarem produtos de madeira.

← Green Gaming

Aluna: Himali Patel

O *Green Gaming* ("Jogando verde") é um labirinto criado para mostrar como um telefone celular é construído por processos materiais e industriais. O objetivo do jogo é coletar todas as peças do celular na ordem certa para conseguir a maior quantidade de pontos e informações importantes sobre cada peça. O jogo também é educativo, informando efeitos que as diversas peças têm sobre o meio ambiente se não forem descartadas de maneira adequada.

← What Goes Around, Comes Around

Aluno: Tom Prendergast

Eu criei um painel móvel sobre a esteira de um caixa de supermercado, para que os consumidores fossem capazes de ver o que acontece com as sacolas plásticas depois que são descartadas. Criei três painéis gráficos que se alternariam constantemente, lembrando os consumidores na fila de evitarem utilizar sacolas plásticas sem necessidade.

↓ Biro Bleed

Aluna: Cavella Pottinger

A caneta esferográfica (*biro*) é pequena e genérica, e ninguém realmente a considera como uma ameaça ao ambiente. Eu tive a ideia para meu conceito ao experimentar tintas com material, inspirado naquelas manchas de tintas que ficam nos bolsos quando uma caneta esferográfica estoura. Enchi 36 copos plásticos com tinta e fiz um código de cor para os estágios de vida da matéria-prima (preto), produção (azul), utilização (verde) e fim da vida (vermelho). O nível de tinta em cada copinho era então equivalente à hierarquia de informação estampada sobre ele. Então, criei um encarte extremamente longo para o consumidor.

↑ Washing Line Installation

Aluno: Seral Mustafa

Essa instalação-varal tem por objetivo tornar o público ciente dos altos custos de energia e materiais na utilização de secadoras. Elas são caras, ineficientes e complexas de se produzir. A Diretiva Weee clama para que todos os produtores de equipamento eletrônico aceitem a responsabilidade legal para o descarte de seus produtos. Minha instalação pretendia incentivar o público a utilizar o vento para secar suas roupas.

Identidade visual para a 25ª Bienal de Artes Gráficas de Liubliana
Universidade de Liubliana, Academia de Belas Artes e Design

LIUBLIANA, ESLOVÊNIA

Matéria: tipografia 3
Nível: 3º ano
Docente responsável: Eduard Cehovin
Duração do trabalho: dois semestres

META

Os alunos devem se concentrar no uso de letras e texto como ferramentas visuais e de comunicação fundamentais em conexão com outros elementos pictóricos. A instrução básica é: criar soluções completas em vez de soluções parciais. Dessa maneira, os resultados evidenciariam se os alunos compreenderam a orientação conceitual quanto à execução das tarefas tipográficas, empregando todo conhecimento e experiência adquiridos em outras matérias. Os curadores da bienal providenciaram descrições detalhadas do conteúdo e tendências formais das artes gráficas modernas, o que deu aos alunos um entendimento mais profundo dessas práticas gráficas como um método de reprodução. O resultado final do trabalho nos dois semestres refletiu a maturidade dos alunos quanto à compreensão de soluções tipográficas conceituais modernas.

↑ Aluno: Luka Mancini

↑ Aluno: Matjaz Cuk

OS TRABALHOS · 39

↑ Aluna: Spela Kasal

↑ Aluna: Irena Ocepek

Sob julgamento

Universidade de Artes Bournemouth

POOLE, DORSET, REINO UNIDO

Matéria: unidade de design gráfico (nível avançado): situar a prática contemporânea
Nível: 1º ano
Docente Responsável: Kirsten Hardie
Duração do trabalho: seis semanas

ENUNCIADO

"Sob julgamento" é uma estratégia de ensino utilizada para facilitar e promover a criatividade no aprendizado. Os alunos de design gráfico exploram e interrogam problemas relacionados a especialização. Este método adota o aprendizado centrado no aluno, presencial, baseado em problemas por meio de um viés "ensinar calado" (Finkel, 2000). Utilizar esse tendência obriga os alunos a questionarem, defenderem e julgarem um problema.

"Sob julgamento" se aproveita da cultura popular e das qualidades sedutoras dos tribunais para auxiliar os alunos a lidarem com questões acadêmicas difíceis e preocupações éticas mais amplas. Os alunos aprendem os protocolos e contextos da lei por meio da mídia popular e trazem essa compreensão para a sala de aula, sem o uso do ensino formal. O cenário formal aumenta as habilidades de comunicação, a análise crítica, o trabalho em grupo e a pesquisa.

ATIVIDADES

Esse viés faz uso de dois componentes integrados: uma dissertação escrita e um evento de atuação em grupo. As duas atividades tratam do mesmo tema, mas a atuação não vale nota. O evento em grupo é propositalmente apresentado duas semanas antes da entrega da dissertação para que os alunos possam preparar, desenvolver, testar e revisar sua pesquisa, suas ideias e seus exemplos antes de completarem a dissertação, que vale nota.

ATIVIDADE 1: SOB JULGAMENTO: MANIFESTO *FIRST THINGS FIRST*

Escreva uma dissertação de duas mil palavras a respeito do manifesto *First Things First* ("Primeiro as primeiras coisas"), de 2000.

Desenvolva uma argumentação que apoie ou conteste as afirmações/ethos dos manifestos de 1964 e 2000. Discuta o seu ponto de vista e lhes dê embasamento com exemplos relevantes, fatos e pontos de vista de outros. Relacione sua discussão à consideração crítica do trabalho de um designer/agência contemporâneo, ou uma área de trabalho em design específica. Faça referência a exemplos históricos, se apropriado. Em última instância, considere se é apropriado e aceitável para um designer gráfico contemporâneo o trabalho em, e para, contextos comerciais específicos.

Escolha seu foco e viés com cuidado, pesquise e escreva a dissertação em relação ao enunciado e compile sua bibliografia. A dissertação deve seguir as convenções acadêmicas e deve ser acompanhada de uma bibliografia. Certifique-se de que sua discussão se aplica a exemplos contemporâneos apropriados e textos e ideias teóricas.

ATIVIDADE 2: SOB JULGAMENTO

Para informar e apoiar sua tarefa escrita e desenvolver uma consciência profissional mais ampla e maior compreensão da sua especialização subjetiva, deve-se trabalhar em uma atividade de atuação em grupo.

Por meio desse trabalho, vocês considerarão e testarão questões-chave, vieses e exemplos relacionados ao manifesto *First Things First* para avaliar se é relevante, viável, adequado e aceitável no contexto do design gráfico contemporâneo. Vocês trabalharão com papéis relevantes em uma situação de tribunal:

- Equipe de acusação
- Equipe de defesa
- Júri com doze pessoas, inclusive um representante
- Testemunhas – para a defesa e acusação
- Três juízes
- Anotadores
- Galeria
- Três guardas – para trazer as testemunhas ao púlpito e ser responsável pelo júri
- Oficial de justiça
- Três oficiais – um para cada juiz
- Jornalistas / Equipe de imprensa
- Equipe de filmagem
- Fotógrafos

Essa atividade requer que cada membro do curso escolha um papel da lista acima. Então, utilizando a pesquisa feita até o momento para a tarefa escrita associada, assim como pesquisas adicionais, os alunos desenvolverão materiais para preparar e apoiar seu papel.

Ao examinar estilos e técnicas de comunicação, podemos aprender a nos comunicarmos mais efetivamente de maneira verbal e não verbal (linguagem corporal). Para auxiliar os alunos em sua percepção e compreensão de seus protocolos de comunicação e de sua performance, recomenda-se que escolham e assistam com olhar crítico ao menos um filme da lista a seguir, considerem as situações mencionadas, desenvolvam-nas e apliquem as habilidades requeridas:

- Fazer uma queixa, apresentar o caso
- Desenvolver uma argumentação convincente
- Apoiar e substanciar a argumentação com indícios
- Interrogar (vários métodos)
- Analisar criticamente e avaliar o caso apresentado
- Argumentar o caso, defender uma argumentação e rebater perguntas
- Apelar ao público presente
- Ouvir a uma apresentação para extrair informações vitais

O sol é para todos
O veredito
Doze homens e uma sentença
Questão de honra
O cliente
Anatomia de um crime
O dossiê pelicano
Crimes em primeiro grau
A qualquer preço
Regras do jogo
A nave da revolta
Rei de um inferno
Erin Brockovich: uma mulher de talento
A história de um soldado
Testemunha de acusação
Acima de qualquer suspeita
The young philadelphians
O júri
Neste mundo e no outro
Breaker Morant
Amistad

↑ Turma de 2006 no tribunal
Todas as fotos por Sam Tylor e Adam Bowen

↑ Jenny South, equipe de defesa de 2008

↑ Juízes de 2008

↑ Lucy Bywater e Rob Wilson, juízes de 2008

↑ Equipe de acusação de 2006

Aluno: Simon Burch (testemunha), 2007
O julgamento baseado no manifesto *First Things First* foi uma grande revelação de um dos lados do design gráfico que as grandes companhias e cursos de educação mais básicos não ensinam. Havia argumentos fortes em ambas as partes.

Aluno: Harry Smith (juiz), 2008
Como juiz nesse processo, foi fascinante observar a batalha entre os dois lados do argumento sobre a viabilidade do manifesto. Ouvir indícios de testemunhas-chave a favor e contra o texto, assim como Ken Garland, o autor original, não apenas colocou o manifesto em contexto, como também permitiu que nós, a próxima geração de designers, questionássemos e compreendêssemos nosso papel no futuro do *First Things First*.

Aluno: Keir Cooper (defesa), 2006
Esse foi um exercício intelectual excelente, mas exaustivo de uma maneira gratificante.

Aluna: Lindsay Noble (acusação), 2006
O julgamento de três horas foi bastante intenso. Foi um misto de trabalho duro e diversão. Fazer parte de um evento como esse deveria ser obrigatório. Eu aprendi muito.

Aluna: Ashley May (defesa), 2005
O propósito da situação de debate não é doutrinar os alunos para uma carreira de anticonsumismo, nem ser a rota para uma solução definitiva; se essa fosse a intenção, seríamos ricos e capazes de dormir profundamente à noite. Ela faz com que todos os participantes se empenhem e é um debate catalizador e benéfico. Todo o meu último ano foi dedicado a trabalhos e tarefas relacionados com a natureza do design, com a responsabilidade do designer em relação ao resultado final e como esse profissional poderia seguir uma carreira que permita uma reflexão posterior sem carregar uma culpa por causa do impacto negativo causado sobre a sociedade, a cultura, ou o meio ambiente.

Aluna: Carla Hicks, 2008
Trabalhar com Ken Garland foi um acontecimento inspirador e me permitiu observar seu conhecimento e experiência.

Aluno: Jonathan Oldaker, 2008
Foi incrível ver as paixões desses indivíduos aflorarem na situação de tribunal. Eu coloquei as pessoas contra a parede e criei elementos de seriedade e tensão. Isso também tornou tudo divertido, agradável e, em alguns casos, impressionante.

Aluno: Dan Rowland, 2008
Ter a oportunidade de encenar um caso no tribunal tornou nosso grupo mais próximo e também nos incentivou a pesquisar sobre como fazer um orçamento com um nível de detalhe que resulta em excelência para obter sucesso. Em nenhuma situação anterior eu deixei um recinto com tanto conhecimento.

Identidade de produto
Alberta College of Art and Design
CALGARY, ALBERTA, CANADÁ

Matéria: design gráfico avançado I – identidade de produto
Nível: 4º ano
Docente Responsável: Rik Zak
Duração do trabalho: um semestre

ENUNCIADO
Crie uma identidade para um produto hipotético. Se seu produto for baseado em outro já existente, tenha como alvo um novo segmento de mercado e faça as modificações necessárias nele.

Identifique o público-alvo e desenvolva uma compreensão de suas necessidades. Utilize essas noções para formatar suas decisões de design.

Analise e avalie o produto e seu contexto competitivo.

Identifique o consumidor-alvo, suas necessidades e a relação deles com o produto. Se você puder encontrá-los, você poderá contatá-los facilmente: seu público já estabeleceu eixos de alta qualidade, redes de comunicação, etc. Se membros de seu público-alvo forem donos de cães, por exemplo, então você pode encontrá-los por meio de veterinários, *pet shops*, parques para cães, revistas sobre cachorros, tosadores, canis, revistas *on-line*, exibições de cachorros, e adestradores.

Defina a ideia principal por trás de seu produto. Um alvo + um problema = a ideia principal ou nicho do produto.

Identifique o(s) problema(s) principal(ais) a que o seu produto atende: na compreensão das dificuldades do consumidor é possível alcançá--los emocionalmente. Sua habilidade de articular a dor, necessidades, problemas e desejos é a peça central do quanto os clientes vão confiar em você, sendo uma oportunidade de criar ofertas e mensagens irresistíveis e a chance de atrair a atenção deles logo no início. As técnicas e as táticas de atração não estão no âmago do marketing de qualidade.

Traduza a ideia principal do produto em uma identidade poderosa e memorável, desenvolvendo e executando os elementos-chave dele: o nome, o logotipo, e a embalagem.

META
- Demonstrar habilidades para pesquisas avançadas.
- Demonstrar a habilidade de compilar, organizar e editar dados.
- Explorar a relação entre o desenvolvimento da marca e do produto.
- Desenvolver uma compreensão do público-alvo.
- Desenvolver uma estratégia de design eficaz relacionada às necessidades do consumidor.
- Demonstrar a habilidade de desenvolver uma estratégia de design e criar um programa de identidade de produto integrada.

PRODUÇÃO
- Produzir um programa de identidade que inclui ao menos os elementos seguintes:
- Logotipo
- Design de embalagem
- Material promocional e/ou ambiente de ponto-de-venda
- Libreto que documenta o processo
- A apresentação deve incluir um *briefing* de design que descreve a avaliação do produto, avaliação do consumidor, objetivos e estratégia.

LiTTLE BOY

↑ Identidade Little Boy

Aluno: Justin Tan

Eu queria transformar uma linha de tênis retrô japonês em um produto *street* de contracultura. Criei uma identidade baseada na linguagem de filmes pós-apocalípticos japoneses, com referências à Segunda Guerra Mundial e à cultura *kawaii* japonesa. O logotipo contrasta a seriedade da expressão *little boy* com um Buda sorridente, fazendo referência à cultura japonesa de maneira irônica. A utilização do "engrish" dá a impressão de que o produto é direcionado para os japoneses e apenas foi importado.

→ Identidade Apostle

Aluna: Rachel Rivera
Ilustrações: Brennan Kelly

Criar *skates longboard* para *skatistas* com estilo *indie* sofisticado, que reflitam suas atitudes e estilos de vida alternativos. Recriar a marca da série da Arbor de *shapes* com arte encomendada de artistas contemporâneos jovens.

O objetivo é mudar a perspectiva do estilo de vida do *skate longboard*, desviando da estética *thrasher* ou *punk* para algo mais limpo e filosófico.

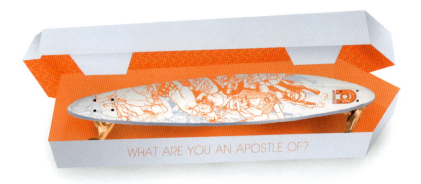

← **Logotipo e letreiro
Soop Toys**

Aluno: Matt Luckhurst

A Soop Toys se baseia em um personagem que eu criei em uma pintura chamada "Johnny Don't Smoke In The House" (Johnny Não Fume Em Casa), personagem de um desenho que em seguida foi esculpido por Sam Longbotham. Soop foi criado para refletir o senso de humor nas pinturas e as qualidades nostálgicas da sopa e dos brinquedos. Essa estratégia também se reflete no logotipo e nos rótulos, tanto pela cor como pelo tipo de letra. O mercado de brinquedos de vinil tem por alvo colecionadores mais velhos, que apreciam arte mas também querem recapturar parte de sua infância. Então, acredito que a estratégia geral de design da Soop seja forte.

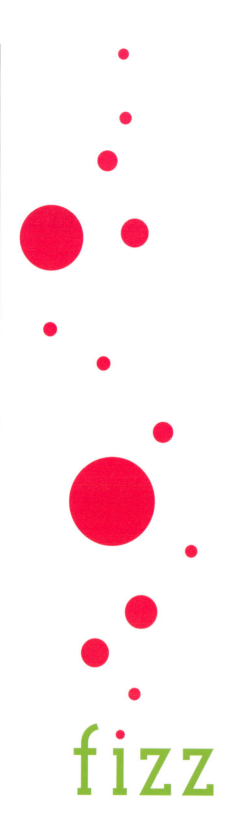

↑ Logotipo Fizz

Aluno: Josh Smith

O objetivo era criar uma identidade memorável para uma loja de refrigerantes naturais e orgânicos a uma clientela urbana e jovem (entre 20 e 35 anos de idade). A estratégia foi criar um visual moderno e limpo para a marca, mas com algumas reviravoltas inesperadas (como o próprio conceito do produto). Cores brilhantes e um formato vertical inesperado fazem o logotipo se destacar dos outros sem recorrer a truques ou sem serem complicados demais.

← Identidade Pinkeye

Aluna: Katherine Kinasewich

Meu objetivo era basear-me em uma coleção de óculos *vintage* da década de 1980 e reapresentá-la como um produto *street* atual, utilizando uma identidade baseada na linguagem *hip-hop* de velha guarda e da cultura eletrônica, com o conceito de vista poluída. Cada letra do logotipo é desenhada com o alfabeto *braille*. Na maior parte dos casos, as letras em *braille* devem ser feitas em relevo para enfatizar ainda mais o problema em questão.

Localidade

Universidade Americana de Sharjah, Collage of Architecture, Art and Design

SHARJAH, EMIRADO DE SHARJAH, EMIRADOS ÁRABES UNIDOS

Matéria: laboratório de design sênior
Nível: 4º ano
Docentes responsáveis: Amir Berbic, Roderick Grant e Shoaib Nabi
Duração do trabalho: seis semanas

ENUNCIADO
Neste trabalho, os alunos respondiam a um local ao ar livre. Inicialmente, esse era um processo de se experimentar, por meio de quantos sentidos fosse possível, um local específico. Incentivados a empregar uma variedade de métodos e meios para documentar e gerar registros, os alunos deveriam interagir com o local e permitir que ele os afetasse por sua participação nele, ou sua observação dele. As críticas no laboratório eram uma revisão visual e verbal do ambiente que experimentaram, feitas por meio de imagens, filmagens, gravações e objetos encontrados. Os processos que evoluíram dessas discussões começaram a refletir a interpretação pessoal de cada aluno sobre o que é importante para o desenvolvimento de uma identidade do lugar.

META
A ideia de identidade local se tornou onipresente; ela já foi reduzida, simplificada e, em alguns aspectos, obsoleta pelo alcance do *marketing* global consistente. Qual seria o significado de dar início ao processo de criação de identidade sem a necessidade de competir em uma escala global? O objetivo primário desse projeto é desenvolver estratégias, processos e formas que evitam as convenções e acolhem uma noção mais sensível e expressiva do que uma identidade pode representar na cultura visual de hoje em dia.

PRODUÇÃO
Os resultados desse trabalho são definidos em três formatos distintos: um livro formato A5, um pôster formato A1 e um curta com tempo definido. As soluções foram tão variadas quanto os alunos que participaram do laboratório; no entanto, alguns temas centrais e motivações tornaram-se evidentes nos trabalhos impressos e gravados. A inconsistência de cada local em Sharjah e a infra-estrutura em constante evolução da vizinha Dubai deu aos alunos o desafio de tentar fixar seus locais no tempo. O processo de refinamento envolveu a identificação de comportamentos e atividades dentro de uma locação. Em vez de tentar fixar uma identidade estática, os alunos aceitaram a mudança constante como um aspecto da própria identidade. Apesar da variedade de formas ser aparentemente infinita, a interação delas com o comportamento específico de cada uma permitiu que os alunos avaliassem seu progresso por meio de estratégias finitas.

↑ Aluna: Maria Al Daoudi

← Aluna: Sarah Al Kathem

Durante uma visita à rua King Faisal, o efeito da luz sobre as diferentes laterais inspiraram este design.

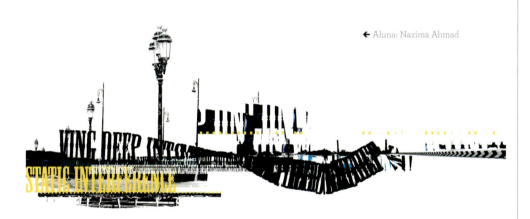

← Aluna: Nazima Ahmad

← Aluno: Faris Sarrar

↓ Aluna: Asraa Zayed

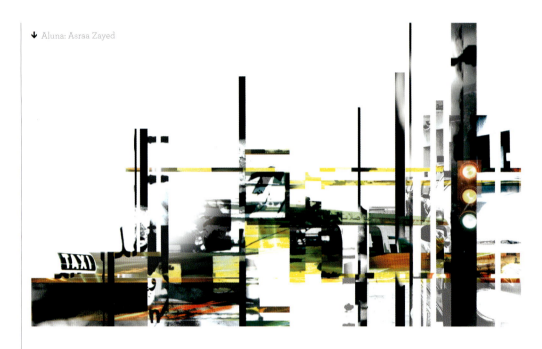

↓ Aluno: Raed Skaik

Meu projeto é uma jornada pela rua Al Diyafah, em Dubai, observada por meio da forma e da cor – uma experiência rítmica que reflete a personalidade variada do lugar. Eu tentei registrar o jogo dinâmico de elementos no espaço.

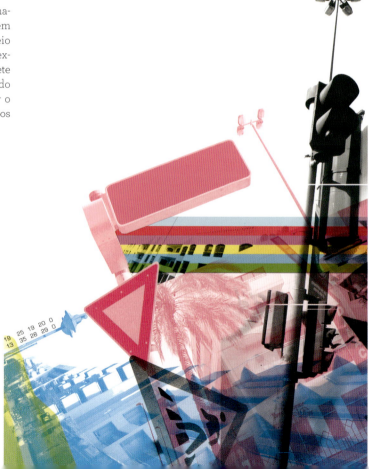

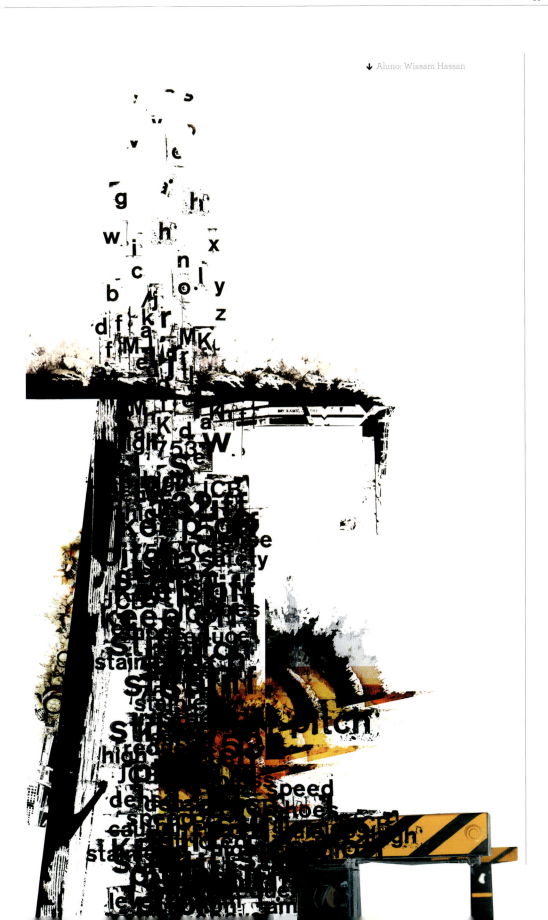

↓ Aluno: Wissam Hassan

↑ Aluna: Fatma Alken

Depois de passar dias na rua King Faisal observando as pessoas, máquinas, tráfego, a construção de uma ponte e a sinalização da construção, percebi que esse é um lugar de mudança constante e instantânea; um local cheio de crueza, resíduos e fragmentação.

→ Aluna: Farnoosh Rezapour

As várias identidades podem ser vistas como características diferenciadoras.

→ Aluna: Mariam Hobeldin

Esse trabalho instiga uma identidade para uma rua em Dubai, cidade que se desenvolve rapidamente. A rua Al Diyafah é conhecida por sua multiculturalidade, onde as pessoas são expostas a uma diversidade de imagens e sons. Ao caminhar pela calçada é possível se deparar com uma série de eventos que passam num flash e misturam-se e interagem entre si. Fragmentação, intervenção e linguagem são apenas alguns exemplos dos elementos explorados nesse trabalho. Ao utilizarmos três estruturas definidas – um libreto de cinquenta páginas, uma animação de vinte segundos e um pôster tamanho A1 – explorei a interação dos elementos visuais ao colidi-los, uni-los e separá-los para expressar o que eu enxergava como a identidade da rua. Dessa forma, densidade e velocidade mudaram para criar ritmos, pausas e caos estruturado.

Transformar dados em informação

Art Center College of Design

PASADENA, CALIFÓRNIA, EUA

Matéria: design de informação
Nível: 3º Ano
Docente responsável: Sean Donahue
Duração do trabalho: nove semanas

Enunciado

Esse trabalho é precedido por vários exercícios que apresentam aos alunos os conceitos do design de informação. Esse é o projeto principal da turma e o veículo primário para se estudar o design de informação no contexto de observação de uma comunidade.

Você deve escolher um dos pontos de partida a seguir: uma questão, uma comunidade ou um espaço (ou lugar).

Utilizando as estratégias de descoberta apresentadas na disciplina da arte de pesquisa, investigue as características do seu ponto de partida. Você então apresentará como resposta gráfica o que descobriu para a classe, na semana posterior. Ao longo das duas semanas seguintes, passe para um dos outros pontos de partida e faça o mesmo, até que você tenha explorado os três.

Quando completar esse processo, exponha uma proposta gráfica que incorpore os dados relevantes da sua questão, da comunidade para a qual isso é relevante (positiva ou negativamente) e do espaço ou lugar para o qual você acredita que tenha mais alcance. Essa proposta deve incluir um mínimo de três conjuntos de dados e fontes distintos.

Meta

Num esforço para que os alunos deixem de produzir trabalhos baseando-se nas próprias preconcepções do que é o design de informação – o que costuma resultar em um aluno muito bom para a construção de formatos, mas não em termos de produção de conteúdo informativo –, a matéria rejeita manobras baseadas em um formato e que sejam controladas por tarefas. Ao contrário, a disciplina valoriza a qualidade do conteúdo e de seu propósito, neste caso relacionado a como lidar com quantidades, amplitudes, e aprofundamentos de conteúdo consideráveis, e transformar esses dados em informação. Esse processo enfatiza conversas sobre possíveis direções de design e fornece aos alunos a estrutura para articularem suas decisões tendo por base a forma como eles utilizaram os elementos de design para alcançar um objetivo.

Produção

Os resultados podem variar: como não há um formato de trabalho estipulado ou qualquer restrição quanto a seu design, cada aluno desenvolve uma metodologia própria de fazer design e uma linguagem visual particular para a situação que identificaram e o tipo de comunicação que querem facilitar. O trabalho é avaliado pela forma como lidaram com a quantidade, amplitude e aprofundamento de dados e como o design projetado possibilitou aos observadores transformarem dados em informação, a partir de uma análise de contexto.

↑ **A Global Warning**
Aluno: Gavin Alaoen
Modelos: Pei-Jeane Chen, Daniel Chang e Ken Quemuel

Essas imagens relacionam as causas do câncer de pele com o aumento constante do aquecimento global (*global warming*).

← Flipping for a Living

Aluno: Owen Gee

Esse trabalho foi criado como uma maneira de envolver o observador com a questão do salário mínimo. Ao utilizar esse design para gerar uma experiência e transmitir informação, o encontro fica mais tátil e pessoal. Clipes sonoros de grelhas de hambúrguer e uma máquina de fumaça imitavam o emprego em uma rede *fast-food* de verdade. A informação poderia ser encontrada quando se virava o hambúrguer. Cada um representava alguma necessidade básica da vida comparada com quantos hambúrgueres uma pessoa deveria virar para obtê-la. O carrinho acabou na galeria de um aluno, sendo usado com frequência até ser desmontado.

→ You Stink!

Aluno: Aaron Bjork

Minha premissa era tirar sarro dos meus colegas de escola para incentivá-los a não fumar. Depois de "insultá-los" com os vários efeitos nocivos do fumo para a saúde do corpo, as placas informavam aos leitores dados científicos que embasavam tais insultos. Depois de completadas, as placas foram colocadas em todo o *campus*, nos principais locais para fumantes.

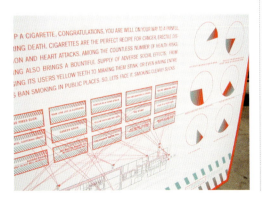

U.S. Arms Recipients in the Developing World

Aluno: Sean Starkweather

A cada ano os Estados Unidos exportam bilhões de dólares em armamento para países em desenvolvimento, muitos em regimes não democráticos, com um histórico de direitos humanos que deixa a desejar. Meu objetivo era apresentar esses dados comparativos de maneira que retratasse a escala imensa desses gastos. Depois de conseguir permissão para usar uma parte da fachada do edifício do *campus*, tive de encontrar uma maneira relativamente barata de construir essa instalação que teria uma vida muito breve. Muitas das decisões de design foram tomadas por causa dessa restrição e pela grade marcante criada pelas janelas e pela estrutura do edifício. Durante a disciplina, fui apresentado a métodos de pesquisa que aprofundaram minha compreensão do tema e influenciaram muito a forma final do trabalho. Foi minha primeira experiência de

criação de design *site specific*. Passei grande parte do processo explorando "telas" em potencial ao redor do *campus* que fossem capazes de apresentar a mensagem que eu tinha em mente, de forma eficaz. Sou grato pela oportunidade de criar um trabalho em escala tão grande.

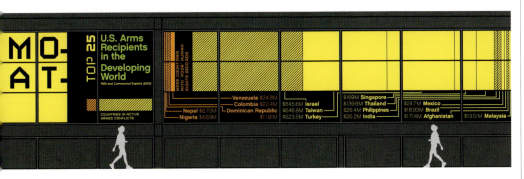

Design sacro
Universidade das Artes de Berlim

BERLIM, ALEMANHA

Matéria: design de mídias digitais
Nível: 3º e 4º anos
Docentes responsáveis: Jussi Ängeslevä e Joachim Sauter
Duração do trabalho: um semestre

ENUNCIADO
Objetos sacros têm usos e significados variados nas religiões mundiais. Eles evoluíram com o passar do tempo até chegarem em formas estritamente definidas. O desenvolvimento de objetos sacros continua em grande parte a cargo de artesãos, com pouca exposição crítica aos designers. Consequentemente, os resultados costumam ser adaptações ornamentais de objetos anteriores que refletem um período. Um olhar mais crítico sobre a função de diferentes objetos religiosos é um tópico oportuno no qual designers de mídia podem se envolver além da artesania pura e simples.

META
Ao ensinar mídias digitais, é comum que a tecnologia se torne o fator determinante que delimita o que vai ser projetado e o que aquilo vai significar. A meta do trabalho era começar do extremo oposto: concentrar-se no significado, na história e nas perspectivas sociais. O objetivo era empregar princípios da mídia digital ao repensar objetos religiosos, tentar destilar a essência do que significa *digitalidade* – especialmente hoje em dia, em que a tecnologia já alcançou proporções quase religiosas.

PRODUÇÃO
Os protótipos funcionais e artefatos já foram exibidos em várias galerias e exibições e apareceram em diversas publicações, despertando discussões públicas sobre o assunto.

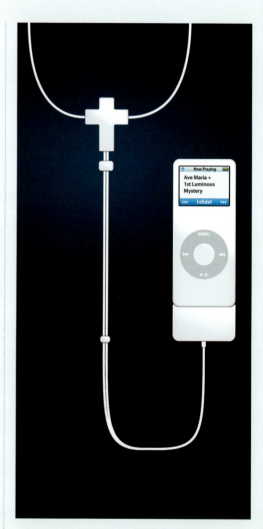

↑ iRosary
Aluno: Tino Dobra

Por anos o rosário de orações vem perdendo sua significância no culto popular porque esse tipo de oração não consegue ser atraente para os mais jovens, devido a sua natureza monótona. Coloque uma interface de terço num iPod e você vai ganhar um público novo.

→ iRauch
Aluno: Felix Hardmood Beck

A igreja católica usa a mídia para enviar bênçãos "Urbi et Orbi" válidas ao redor do mundo. Este incensário permite que os ausentes estejam no local do ritual.

→ Way of the Cross
Aluno: Jens Wunderling

Essa é uma reconstrução simbólica e contemporânea da *via crucis* sob a forma de uma instalação sonora: quando se aproxima alguma das catorze estações da *via crucis* tradicional, arquivos de som tocam num MP3 player escondido na cruz de madeira. Notícias – sobre pessoas com dificuldades sociais ou sobre pedidos de ajuda em momentos de dificuldade, por exemplo – dão uma interpretação moderna às estações.

↑ Crucifixion
Aluno: Markus Kison

A cruz se tornou um símbolo abstrato e os eventos que aconteceram durante a crucifixão tendem a ser esquecidos. A instalação, cuja intenção é ser colocada no altar lateral de uma igreja, conta essas histórias.

↑ Living Torah
Aluno: Jan Lindenberg

Uma membrana reativa é o elemento comunicador entre um rolo de Torá e o leitor. Entre as leituras, os ornamentos da membrana espalham-se dinamicamente sobre a Torá, separando o sagrado do profano.

Nova identidade para a Academia de Belas Artes de Bolonha

Academia de Belas Artes de Bolonha

BOLONHA, ITÁLIA

Matéria: design gráfico e gráficos computadorizados
Nível: 2º ano
Docentes responsáveis: Maurizio Osti e Danilo Danisi
Duração do trabalho: 2 semestres

ENUNCIADO

Os alunos receberam a missão de desenvolver um novo sistema de identidade para a academia que refletisse as mudanças na estrutura organizacional e nos cursos de comunicação que foram aprimorados a partir de 2004, seguindo as reformas propostas pelo ministério da educação italiano. Três departamentos foram inaugurados; novos cursos são oferecidos, não apenas em belas artes mas também em design gráfico, como design de produto, cenografia, restauração, artes da comunicação, etc. O logotipo deve manter o ícone institucional: a *Fama* da academia, uma obra-prima muito importante feita por Marcantonio Franceschini; o projeto inteiro deve respeitar esse elemento, portanto. Três grupos de alunos devem desenhar a parte institucional do sistema de comunicação inteiro: logotipo, papelaria, sistemas de sinalização, pôsteres e mercadorias.

PRODUÇÃO

Os trabalhos serão examinados por um júri composto pelo presidente e o diretor da instituição, além de um comitê acadêmico. O melhor projeto se tornará o sistema de identidade oficial para o instituto e será usado para comunicações internas e operações externas.

↑ Designs de logotipo e aplicações
Alunos: turma de segundo ano da matéria de design gráfico

A classe redesenhou o logotipo clássico, brincando com diversos estilos.

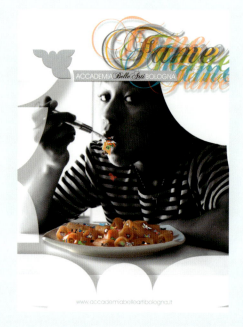

↑ Aluna: Diana Blankson
Fotografia: Francesca Coppola

OS TRABALHOS 63

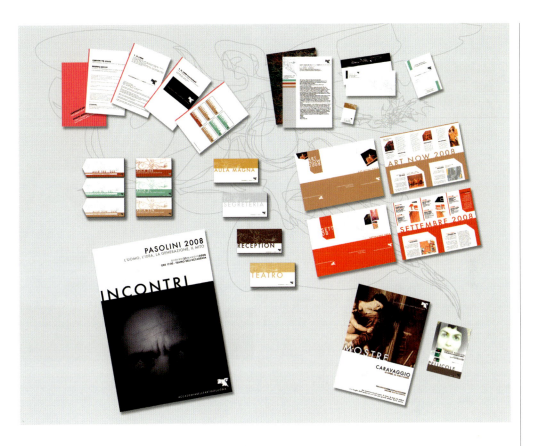

↑ Alunos: Andrea Vernucci, Serena Muratori, Nadia Pantaleoni e Laura Gruppuso

← Alunas: Elena La Placa, Barbara Pavone, Lorena D'alfonso e Francesca Coppola

↑ Aluna: Daniele Asteggiante
Fotografia: Nicola Medri

↑ Aluna: Daniele Asteggiante

← Aluna: Elena La Placa
Fotografia: Diana Blankson

Boston e Suzhou: um estudo em livro de conceito cultural

Universidade de Boston, School of Visual Arts/ Instituto de Arte & Tecnologia de Design de Suzhou

BOSTON, MASSACHUSETTS, EUA/SUZHOU, SOOCHOW, CHINA

ENUNCIADO

Estude os materiais que eu trouxe de Boston, os cartões-postais de pontos emblemáticos da cidade, selos, jornais, parafernálias diversas dos Red Sox e números de peito e medalhas da Maratona de Boston. Escaneie e fotocopie o material de Boston e combine-o com suas próprias imagens fotográficas e ilustrações feitas em Suzhou, inclusive desenhos feitos à mão, pinturas e fotografias digitais. Use o texto de "Paul Revere's Ride", de Henry Wadsworth Longfellow, e "Boston", de Ralph Waldo Emerson, para explorar métodos alternativos de visualizar narrações: texto contínuo, expressão tipográfica, diagramas, linhas do tempo, construção de mapa e combinações de texto e imagem. Você pode usar tanto texto em inglês como caligrafia em chinês, ou uma combinação dos dois. Concentre-se no aspecto cinemático do design multipaginado, unidade, velocidade, contraste e ritmo. O livro de conceito cultural deve ser pequeno e íntimo por natureza e não deve exceder a medida de 20,5 x 25,5 cm. O livro deve ter um mínimo de oito páginas, incluindo a capa e a contracapa.

META

O objetivo da oficina é comparar e contrastar as cidades ocidentais e orientais, a partir do estudo de Boston e Suzhou, observando-se a personalidade dessas duas cidades. Apesar de Suzhou, localizada a 52 km a noroeste de Xangai, ser uma cidade grande e moderna, é possível encontrar uma trama de canais do século XVI e pontes e jardins de estilo clássico. Os alunos são desafiados a refletir sobre como viver em uma cidade ou visitá-la influencia a maneira como nós a pensamos e a enxergamos. Após esse exercício, a proposta é criar livros pequenos de várias páginas que integrem imagens de Boston e de Suzhou, que comuniquem visualmente as similaridades e diferenças na cultura visual das duas cidades. Pense sobre como você transmitirá visualmente o humor e o temperamento do assunto e suas experiências em Suzhou e, por outro lado, suas impressões de Boston.

Matéria: oficina do livro de conceito cultural
Nível: 3º e 4º anos
Docente Responsável: Richard B. Doubleday
Duração do trabalho: uma semana

PRODUÇÃO

Os designs finais abrangeram uma variedade de livros de conceito cultural, retratando municipalidades aquáticas chinesas famosas, tipografia expressiva, imagens de cartão-postal, estátuas, arquitetura de Boston e motivos de "carimbos" chineses. Os alunos passaram os dois primeiros dias trabalhando em ideias preliminares e fazendo rascunhos. A segunda metade da semana foi voltada para a criação dos livros e finalização do trabalho. Os resultados combinavam imagens orientais e ocidentais com textos em inglês e caligrafia chinesa, formando uma sobreposição única e incomum de elementos de design. As duas críticas em sala de aula permitiram que os alunos conseguissem uma avaliação instantânea, criticassem as soluções de design de seus colegas e articulassem as ideias por trás dos próprios projetos.

↑ Aluno: Qi Huang

↑ Aluno: Zhubian Yang Jie

↑ Aluno: Xuleyi

Eu fundi a arquitetura contemporânea de Boston com a arquitetura clássica chinesa.

↑ Aluno: Zhang Meile

Os motivos de carimbo são designs folclóricos antigos chineses que vêm sendo usados por muitos séculos. Os símbolos são formados de padrões *hua yang* e representam vida longa, riquezas, etc. Recortei formas à mão livre no papel e sobrepus os motivos de carimbo de cada página no livro.

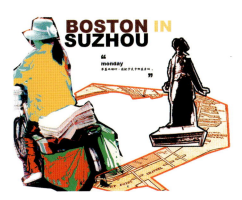

↑ Aluna: Qian Dan Dan

Criei uma efeito colorido e vibrante de colagem, documentando cada dia da semana.

↑ Aluna: Mengjing Cao

Água, política e esperança
Universidade Brigham Young (BYU)

Provo, Utah, EUA

Matéria: problemas especiais em design gráfico
Nível: 4º ano
Docente responsável: Linda Sullivan
Duração do trabalho: um semestre

Enunciado
A tarefa é escolher uma questão social nacional ou internacional que pode ser compartilhada universalmente e articulada.

Meta
A água carrega em si todo um conjunto de conotações. As nações acumulam as riquezas de seus rios e reservatórios. Canais de irrigação espalham-se através de campos áridos como veias de sangue econômico para milhões de fazendeiros. O Nilo nutre plantações com depósitos de solo fértil. Em 1970 o governo egípcio represou o rio para assegurar mais terra para sua população que crescia. Girar uma válvula traz galões sem limite de água, que jorram em mangueiras, chuveiros e pias. Alguns meses de seca fazem gramados suburbanos ficarem amarelo ressecado.

Na África, crianças morrem depois de apenas alguns dias sem água. Uma avalanche nas Montanhas Rochosas soterra sob o gelo alguém que fazia uma caminhada. Um tsunami inunda a Tailândia, afogando milhares. Em Hong Kong, as monções cobrem as ruas de lama. Um derramamento de petróleo no Pacífico envenena peixes e golfinhos. Os direitos sobre a água criam desavenças, processos e guerras.

Além de suas associações com política, medo e morte, a água também pode simbolizar o lar e a vida. Dentro do útero da mãe, bebês nadam e crescem imersos em água. A água energiza, alivia, limpa e alimenta. Durante o verão, crianças correm entre os *sprinklers* ou se reúnem em parques aquáticos. Turistas viajam de todos os lugares do mundo para se admirarem com as cataratas do Niagara. Um cristão nasce novamente por meio das águas do batismo, e uma família de luto na Índia espalha as cinzas da cremação sobre as águas do Ganges. O conforto, a admiração e a santidade da água corre ao lado de suas políticas tensas e de uma economia implacável. Seu significado e significância mutáveis circulam continuamente na sociedade, como a água de um lençol freático.

← Refraction
Aluno: Jon Troutman

Nossa visão do mundo costuma ser dividida. Ricos x pobres, educados x mal-educados, familiares x estranhos, bom x mau, preto x branco, nós x eles. Não vemos a raça humana como uma unidade singular com conexões internas inerentes. Pelo contrário, concentramo-nos em significantes externos e desenhamos conclusões e julgamentos distorcidos – sejam subconscientes ou deliberados. Nossa visão distorcida uns dos outros é contrária à visão holística de Deus a nosso respeito. Com uma perspectiva mais holística, poderíamos enxergar a humanidade como um organismo igualitário que vive, respira e se espalha por uma série de ambientes desiguais.

← Come Again Another Day
Aluno: Jeremy Bowen

É intrigante que em nossa cultura, mesmo que haja acesso à água limpa em abundância, as associações com a chuva são em grande parte negativas. A chuva é inconveniente e deprimente – em outras palavras, é o "tempo ruim". Filmes, por exemplo, usam a chuva constantemente para comunicar tristeza, solidão, medo e até morte. Nessa peça, eu chamo atenção para suas qualidades belas, positivas e vitais.

← Advertising for Water, Politics and Hope
Alunos: Keenan Cummings e Jon Troutman

Para promover a mostra "Água, Política e Esperança"

→ **Don't Drink the Water**

Aluna: Angie Panian

A Lei da Água Limpa dos EUA é a legislação principal que controla a poluição da água nesse país. O que muitas pessoas não sabem é que a lei está com problemas, pois foram aprovadas algumas alterações pela Suprema Corte sob a administração de George Bush que enfraqueceram essa lei. Eles alteraram a definição das águas protegidas, colocando um grande número de rios, riachos e lagos dos Estados Unidos em risco desde que a medida foi aprovada em 1977. No entanto, a Lei da Restauração da Água Limpa de 2007 foi proposta e agora está nos primeiros estágios do processo legislativo.

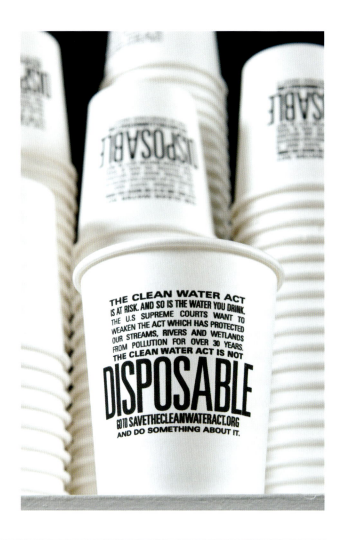

← **From Water to Oil and Back**

Aluno: Keenan Cummings

Água e óleo simbolizam vida, luta, esperança, discórdia e energia. As duas agregam simbolismos culturais, sociais e políticos fortes. Esta obra é um olhar pessoal sobre esses símbolos e como eles se desenvolveram com o passar do tempo. Para duas substâncias químicas que são tão fundamentalmente opostas, elas compartilham um lugar muito similar em nossas vidas.

↑ **The Global Water Gap**
Aluno: Nick Mendoza

O Alcorão diz: "Por meio da água, nós damos vida para tudo". Esse ensinamento simples captura uma sabedoria mais profunda. As pessoas precisam de água assim como necessitam de oxigênio: sem ela, a vida não pode existir. Mas a água também gera vida num sentido muito mais amplo. As pessoas precisam de água limpa e sistemas de esgoto para manter sua saúde e dignidade. Mas além de cada casa, a água também sustenta sistemas ecológicos e provê uma porta de entrada para os sistemas de produção que nos sustentam. Em última instância, o desenvolvimento humano depende de tornar esse potencial realidade. Trata-se do que as pessoas conseguem fazer – e da liberdade que têm para exercer escolhas reais em suas vidas. Quando as pessoas não têm acesso à água limpa ou quando deixam de ter a água como um recurso produtivo, suas escolhas e liberdade são restringidas pela má saúde, miséria e vulnerabilidade. A água dá vida a tudo, inclusive ao desenvolvimento humano e à liberdade humana.

↑ **Rita**
Aluno: Tyler Smart

Criança nenhuma deveria ter de escolher entre obter água limpa para beber e receber uma educação de qualidade. Infelizmente muitas crianças na África têm de encarar essa escolha todos os dias. A educação é prejudicada tanto pelo tempo que são forçadas a gastar conseguindo água, como das instalações precárias das escolas por causa da falta d'água. Nós podemos ajudar a acabar com essas circunstâncias terríveis.

→ The Tributary
Aluno: Arlo Vance

Quando discutimos o consumo, a primeira coisa que vem à mente não é a quantidade de água que realmente se utiliza, mas se estou reciclando o copinho plástico do café que comprei no Starbucks. Ao se viver em uma sociedade em que a norma é o consumo em excesso, não é de se espantar que nos preocupamos com coisas que pouco afligem o resto do mundo. Muitas pessoas não têm a quantidade mínimos de água para viverem, muito menos se dão ao luxo de desperdiçá-la.

↓ Water Is Blood
Aluno: Zack Bartlett

A Terra é o corpo, a água é o sangue. As veias fluem pelo corpo como rios e córregos, levando a água ao oceano. Envenenar a corrente sanguínea, matar o corpo; a poluição das cidades, mais cedo ou mais tarde, chega no oceano.

↑ Umbrellas
Aluna: Jenny Willardson

Acho significativo termos algo projetado para nos proteger da chuva. Porém, em muitos países subdesenvolvidos a vida depende da chuva recebida. Considerei que as diferentes orientações do guarda-chuva eram um símbolo adequado de como evitamos a chuva e de como outros a armazenam.

➜ Africa Is Evaporating

Aluno: Kevin Cantrell

A seca tem um papel importante na história da África; ela apagou lagos e rios, impactando muito sociedades e famílias. Este trabalho aborda os efeitos da seca na África em um nível individual: por causa da falta de água potável limpa, as pessoas, assim como os lagos e os rios, estão se dissipando. Apesar de não sermos capazes de controlar o clima, podemos nos certificar de que a África tenha água potável limpa.

Oficina 'Cidade de Split'
Arts Academy of Split, Departamento de Comunicação Visual

SPLIT, CROÁCIA

Matéria: design gráfico
Nível: 5º semestre
Docente responsável: Ljubica Marcetic Marinovic
Duração do trabalho: 1 semestre

ENUNCIADO
O tema da oficina é a cidade de Split. Cada aluno deve escolher uma área que seja de alguma maneira relacionada a Split e suas particularidades (cultura, geografia, história, sociologia). Depois de realizar a pesquisa e analisar o aspecto escolhido, o aluno deve conceber inovações que contribuam para melhoria da qualidade da vida urbana. Os conceitos devem ser simples e seu custo de implementação, acessível.

META
O objetivo da oficina é estimular os alunos a observarem ativamente os arredores em que estudam como uma coleção de processos e mudanças que estão em movimento. Durante a oficina, o aluno descobre e reconhece partes de relações estruturais, organizacionais, sociológicas e econômicas; identificam problemas, estagnações ou vantagens e tentam dar uma resposta criativa para os problemas, tendo em mente o bem-estar de toda a comunidade.

← Split's Way
Aluno: Marko Svraka

Esse guia visual é como ter um amigo em Split que escreveu instruções sobre como passar seu tempo na cidade e quais lugares legais de se visitar, não importando quem você é ou quais seus interesses. O conteúdo desse guia, visual ou não, foi criado utilizando um tema "das antigas", seguindo o dialeto local, razão por que o caminho (*way*) é mais do que apenas uma caminhada pelas ruas da cidade: torna-se divertido, subjetivo e pessoal.

← Siti se Siti (*Remember, Remember*)
Aluna: Matea Pavkovic

Siti se Siti é um jogo voltado para crianças na pré-escola. Ele se baseia no princípio dos jogos de memória, e o objetivo é tratar sobre o dialeto local e suas comparações com a linguagem literária croata. As cartas têm as iniciais de conceitos ilustrados no lado de trás. As palavras no dialeto de Split estão escondidas atrás de palavras escritas em letras maiúsculas grandes, enquanto as palavras da língua literária estão escondidas atrás de letras pequenas. O jogo não tem fim, pois uma criança pode jogá-lo pelo tempo que quiser, basta virar as cartas e passar a jogar da maneira oposta. O jogo foi citado em um programa de educação nacional do país.

↑ Imperator
Aluno: Tomislav Cubelic

O jogo Imperator foi criado como consequência da atual situação de zoneamento precário e construções ilegais de Split, até mesmo na parte antiga da cidade, o Palácio Diocleciano. O objetivo do jogo é mostrar a facilidade com que algo de importância histórica e cultural pode ser adquirido e vendido para ganhos materiais. O jogo utiliza três moedas – dinheiro, sorte e conhecimento da cidade. O jogo é uma cópia da vida cotidiana de Split. O trabalho foi publicado na revista *Novum* e foi citado num programa de televisão nacional.

← **Diocletian's Recipes**
Aluna: Klementina Tadin

Esse retrato cultural e culinário da região da Dalmácia, enraizada em excentricidades míticas, hoje dá forma à base da vida cotidiana. Ao reunir receitas de donas de casa e *chefs* de Split, lembrei-me dos retratos de sorrisos plenos e satisfeitos de almoços com familiares e amigos. As receitas foram impressas em cartões-postais e distribuídas gratuitamente em todos os pontos onde se pode adquirir comida caseira na cidade. O objetivo do projeto é fazer com que as pessoas se lembrem de sua herança cultural e comam alimentos saudáveis, gastando pouco.

→ **Impulse**
Aluno: Ante Klai

Impulse é uma instalação que une sociologia, arquitetura, engenharia elétrica e design. O projeto é concebido como um protótipo de iluminação para ruas estreitas no centro da cidade. Ao enfatizar interações e urbanismo específicos do Mediterrâneo, esse tipo de iluminação poderia oferecer um código visual especial a Split. Entrando em uma viela, os transeuntes ativam um sensor escondido que faz com que as luzes comecem a se acender lentamente, iluminando seu caminho. Depois de passarem, as luzes estão programadas para lentamente se desligarem. Isso dá a impressão de um impulso por meio do qual nós revivemos a cidade de Split diariamente, passando por suas veias/ruas.

← Split's Way
Aluno: Nikola Radovani

Split's Way chama a atenção para detalhes interessantes que as pessoas não percebem quando andam pelas ruas. Devido aos congestionamentos, engarrafamentos e a pressa, não percebemos pormenores interessantes que poderiam alegrar nossa rotina. Esse trabalho pretende chamar atenção para detalhes; motivar quem está a pé a pensar sobre os problemas que cruzam o seu caminho e estimular a descoberta de coisas novas e interessantes.

→ Soap and Water Calendar
Aluno: Igor Carli

Ao contrário da prática costumeira de se colocar imagens bonitas nos calendários, neste se ilustram os problemas do centro da cidade. Traz fotos do lixo nas ruas, aparelhos de ar-condicionado instalados de maneira imprópria, bancos de pedra que são frios demais para que as pessoas se sentem sobre eles, milhares de antenas de TV, carros estacionados em local proibido, etc. O objetivo é desviar a atenção do cidadão e das instituições municipais das fotos cuidadosamente processadas no Photoshop e fazê-los enxergar a imagem verdadeira da cidade.

Meu primeiro design de pôster político: Chile, o outro 11 de setembro
Aalto University School of Arts, Maryse Eloy School of Art

Paris, França/Helsinque, Finlândia

Matéria: comunicação visual: semiologia
Nível: 3º ano
Docente responsável: François Caspar
Duração do trabalho: quatro semanas

Matéria: oficina internacional
Nível: 5º ano
Docente responsável: François Caspar
Duração do trabalho: uma semana

Enunciado

Os alunos devem pesquisar e reunir imagens que representem e conservem na memória os eventos de 11 de setembro de 2001, do ponto de vista de Nova York e, na mesma data, só que em 1973, no Chile. As imagens reunidas podem ser pequenas, dispostas em um caderno de esboços. O objetivo é comparar como a mídia de ambos os países retratou ambos os eventos, qual foi a reação do público, como eles impactaram as diferentes sociedades e como são comemorados ou esquecidos hoje em dia. Os alunos devem trazer o resultado de suas pesquisas (imagens e textos encontrados) e seus desenhos (em preto e branco, 10 x 15 cm) à aula para uma discussão aberta. Os pôsteres mostrarão o efeito dessa comparação.

Meta

Após o evento em Nova York, como muitas pessoas, eu tinha que expressar minha empatia, mas estava chocado demais para fazê-lo logo depois do ocorrido. Fiz isso um ano mais tarde, no primeiro aniversário do evento: sendo um designer, eu criei um pôster. Mas, como alguém que já tem 40 anos, lembrei-me do Chile em 11 de setembro de 1973, quando o presidente Salvador Allende foi derrubado pelo exército e a democracia, como nós a conhecíamos, morreu. Hoje, estou interessado em como os jovens que não haviam nascido naquela época respondem e retratam visualmente essa parte da história e quais relações eles fazem com aquela época. Quero saber o que a memória de cada um retém e esquece. O que nós comemoramos ou perdemos?

Para criar uma imagem perspicaz e afiada, os alunos devem reunir imagens de arquivo e pesquisar os trabalhos de designers gráficos de outras épocas. O desafio não é criar uma nova imagem que retrate o evento chileno ou o norte-americano, mas sim uma imagem que compare os dois. Isso deveria tornar os alunos mais cientes de seu papel como designers em nossa sociedade.

Pôsters, alunos de Paris

OS TRABALHOS · 79

↑ Aluna: Violette De Fleurian

↑ Aluna: Tina Bourade

↑ Aluno: Timothée Silie

↑ Aluna: Mirabelle Pezier

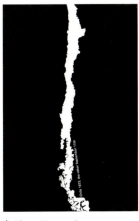
↑ Aluna: Morgan Serre

↑ Aluna: Noélie Briey

← Aluno: Madison Renegez

↑ Aluna: Fanny Chansard

↑ Aluna: Claire Roche

Pôsters, alunos de Helsinque

↑ Aluno: Aki Scharin

↑ Aluna: Eva Neesemann

↑ Aluno: Heidi Gabrielsson

↑ Aluno: Johannes Naan

↑ Aluno: Juha Juvonen

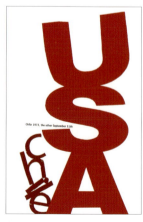

↑ Aluno: Michael Muyanja

↑ Aluno: Pablo Ferreiro

↑ Aluna: Sima Utku

↑ Aluno: Anton Yarkin

↑ Aluno: Gibran Julian

↑ Aluna: Hannele Torro

↑ Aluna: Veronika Schmidt

To Die For

Fabrica, Centro de Pesquisa e Comunicação do Grupo Benetton

Treviso, Itália

Colaboradores: Nayoung Ann, Michael Ciancio, Scott Heinrich, Priyadarshini Khatri, Edward Tad Kimball, Piero Martinello, Daniel Streat, Lars Wannop, e Patrick Waterhouse

Diretor do trabalho: Omar Vulpinari, chefe de comunicação visual
Duração do trabalho: seis semanas

Enunciado

Na primavera de 2007, a revista *The Walrus* pediu para o centro de pesquisa Fabrica comentar visualmente e despertar a consciência para a crise humanitária e o conflito ocorrido em Darfur, no sudoeste do Sudão. Essa revista canadense é conhecida por ser intelectualmente rigorosa, politicamente engajada e comprometida com o uso de imagens de qualidade.

O *briefing* preliminar feito pelo diretor criativo da revista, Antonio De Luca, e seu editor de imagens, Bree Seeley, era bastante estimulante e desafiador. Ele pedia que nós concentrássemos as críticas àquelas distrações decadentes do mundo ocidental que evitam que os países desenvolvidos ajam de forma concreta contra a crise. O *briefing* dizia:

"Há uma falta de urgência quando se trata de proteger aqueles que são mais vulneráveis em nosso planeta. O tamanho da crise em Darfur zomba de nossa civilidade. Queremos tornar nossos leitores dolorosamente cientes do número de inocentes mortos nessa crise; da verdadeira malícia do governo central sudanês demonstrada em sua má vontade em proteger seu povo; grifar as subtramas do estupro em massa, da doença e da fome que jorram da situação da população deslocada e refugiada; e, por fim, iluminar as fontes que apoiam a Janjaweed [milícia].

Nós queremos apontar genericamente (ou especificamente) os aspectos de nossa cultura ocidental que nos distrai de lidar com o genocídio (mídia de celebridades, o *boom* imobiliário, os objetos de design).

Então, perguntamos a vocês: O que é necessário para que o ocidente rico aceite sua parte da responsabilidade no prolongamento desse sofrimento imenso? Resposta: discutir nosso sistema de valores e desnudá-lo. Seja por meio da criação de símbolos, de textos simples, ou por sobreposição de imagens, história; estamos abertos a suas invenções."

Meta

A equipe criativa da *The Walrus* pediu para o Fabrica desenhar um pôster impactante que os leitores pudessem destacar da revista, tratando da crise em Darfur. A mensagem do pôster deveria tornar os leitores cientes da urgência da crise na região e fazer com que soubessem que eles poderiam fazer algo para aliviar o sofrimento daquelas pessoas.

Produção

Um grupo de membros do Fabrica das áreas de comunicação visual, fotografia e design de produto se envolveram no projeto por seis semanas, trabalhando em equipe e individualmente. As críticas e os encontros de compartilhamento de resultados de pesquisa eram frequentes e repletos de debates intensos em torno de detalhes culturais, políticos e geográficos específicos da crise em Darfur, mas sempre focados em se determinar qual poderia ser a mensagem de maior impacto emocional para os leitores da *The Walrus*. O resultado final foi um ensaio visual de oito páginas com vários autores, publicado na edição de setembro de 2008.

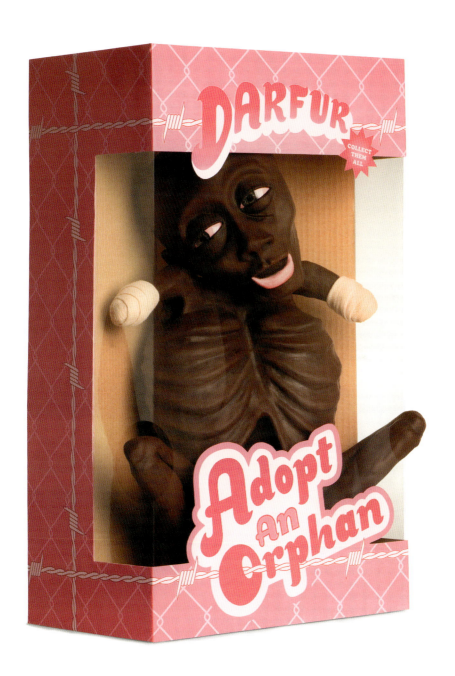

Aluno: Scott Heinrich
Fotógrafo: Piero Martinello

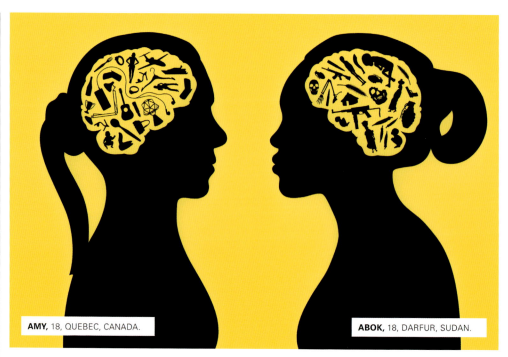

↑ Aluno: Daniel Steat

↑ Aluno: Daniel Steat

OS TRABALHOS | 85

↑ Aluno: Michael Ciancio. Fotógrafo: Piero Martinello

↑ Aluno: Priyadarshini Khatri. Fotógrafo: Piero Martinello

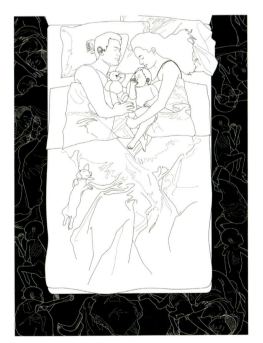

↑ Aluna: Namyoung Ann

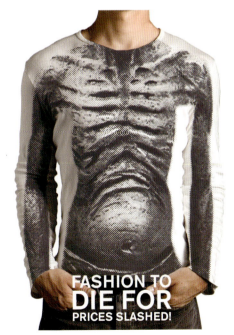

↑ Aluno: Michael Ciancio. Foto: Piero Martinello

Histórias sul-africanas

Red and Yellow School of Logic and Magic/Universidade de Stellenbosch

MATIELAND, ÁFRICA DO SUL/CIDADE DO CABO, ÁFRICA DO SUL

Matéria: design gráfico
Nível: 2ª ano
Docente responsável: Gabby Raaf

ENUNCIADO

As histórias sul-africanas foram tema da 24ª edição da revista *i-Jusi*, a revista de design gráfico experimental da Orange Juice Design, no fim de 2007. Pediu-se que os colaboradores escrevessem um conto de quinhentas palavras que acompanharia o design da capa. A capa deveria refletir um livro de verdade, similar a um que se encontra em uma livraria. A história tinha de retratar um encontro, uma experiência ou uma fantasia que remetesse à África do Sul.

META

- Incentivar os designers a experimentarem a escrita criativa.
- Vivenciar e relatar uma história pessoal inspirada na África do Sul.
- Desenhar uma capa de livro com apelo comercial.

iGolide

Aluno: Sifiso Taleni

Quem disse que um dentista precisa ser alguém com qualificações odontológicas? Aqui em Mzansi (África do Sul), nos distritos cuja população é de maioria negra e nas *skwatta* temos dentistas sem qualificação que já realizaram operações odontológicas igualzinhas às dos dentistas qualificados!

No distrito de KwaMakhutha, onde vivo, encontrei um *umjita* (camarada), Simphiwe Khoza, que se autoentitula o "rei da coroa" na vizinhança, e, provavelmente, em toda KwaMakhutha, que fica perto de Amanzimtoti.

Seu mercado-alvo são os adolescentes que querem coroas dentárias de prata e de ouro, mas não têm o dinheiro para ir a um dentista qualificado. Simphiwe realiza suas operações com um par de tesouras e um alicate, latas de Coca-Cola e latas de cerveja Castle Lager, em sua casa de dois cômodos.

O lado de dentro de uma lata de Coca-Cola faz o papel de uma coroa de prata, e o lado de dentro de uma lata de Castle faz o papel de uma coroa de ouro. Ele corta as latas nas beiradas e joga fora a parte de cima e a parte de baixo, pois são duras e não são achatadas. Ele então achata os lados das latas com um rolo de aço e uma madeira para que fiquem 100% retos. Depois das latas serem aplanadas, elas são cortadas em pedaços de 3 x 3 mm com um par de tesouras e reservadas para os clientes, guardadas com segurança debaixo da cama ou dentro do guarda-roupas.

Durante a operação, você tem de abrir bem a boca enquanto fica sentado em um banco de madeira desconfortável sobre alguns pedaços de almofada. Ele mede seu dente colocando o pedacinho da lata sobre ele e passa a recortar o pedaço com as tesouras conforme ache ser necessário. Quando chega ao tamanho certo, o rei da coroa faz dobras com o alicate e prende o lado sobre o dente, utilizando a ferramenta.

Quando você precisa comer é só retirar a coroa e deixá-la fora da boca para não danificar a peça – ou pior, não a engolir com a comida.

As coroas podem ser limpas com um limpador de metais para que se mantenham brilhantes, mas quanto mais você a usa, mais ela perde permanentemente sua cor. A operação custa R70, enquanto um dentista qualificado com uma coroa "de verdade" cobra entre R1000 e R2000. Em Mzansi algumas pessoas descobrem uma maneira de tornar qualquer coisa considerada popular e cara mais acessível para aqueles que têm baixa renda!

Carmageddon and Bergie-Flavored Roadkill
Aluna: Adri Goosen

E daí eu o atropelei, sem querer, claro. Fui para trás então – de alguma maneira, subconscientemente, escolhendo mutilá-lo enquanto dava marcha ré. Eu não consigo fazer nada direito? Mas seja pelo movimento para trás e a raiva quando ia para frente, resta o simples fato de que eu passei o carro sobre um ser vivo que respira, provavelmente alucinado, e não importa o que eu pense, um ser humano. Carne e osso *versus* aço.

Já ouvi rumores sobre a flexibilidade do corpo dos bêbados, mas, embriagado ou não, o som é o mesmo. Você o escuta nos filmes quando carros dirigidos por heróis passam por cima de zumbis em transe, transformando sua carne pútrida em carcaças sobre a estrada. É como quando uma pomba bate no para-brisas, só que cem vezes pior. O baque obtuso da carne se tornando flácida, de músculos se estirando e se rompendo, vasos sanguíneos estourando... Um instante se estica para conter mil batidas de coração indefesas e dois mundos colidem lentamente, quase sem som, até que um cadáver vivo flacidamente aceita seu destino e do outro lado do silêncio vem aquele som horrível. O fantasma ergue sua cara ferida e desce... Assassino.

O momento gela o sangue, muda a vida. E você sabe que está ferrada. Uma mulher branca com uma tradição politicamente incorreta aleija um negro politicamente correto – um mero zumbi arrastando os pés sem rumo, envolvido por inimigos imaginários, a matéria cinzenta já apodrecida por noites repletas de benzeno em demasia. O lixo da sociedade, o náufrago social, o beberrão. Mas o sangue escorre para manchar as mãos daqueles que o derramam. Não importa o quanto esteja diluído, é sangue. Ou pelo menos é o que diz a constituição. Mas quem realmente se importa com o sangue de um negro? Um incômodo sul-africano, um a menos para assombrar nossas ruas, guinchando maldições para cidadãos trabalhadores de bem! Mas nada disso importa. Tudo que importa é que eu sou a criminosa branca, ele é a vítima negra e... Caralho! Um negro cheio de benzeno, um risco natural vagando na vista como se estivesse sendo levado pela brisa marítima, acabou de arruinar minha vida... Eu acabei de matar um negro – e eu me dou conta, como se caísse sobre mim uma mortalha... eu acabei de matar um ser humano... Ai merda.

Por que ele tinha de ser negro? Por que ele não podia ser branco? O homicídio involuntário de homens brancos não é problema. Ninguém investiga esse tipo, ninguém sequer investiga os que são intencionais. Merda, merda, merda, merda, merda... Alguma coisa se move como se estivesse bem longe e eu me viro para olhar nos olhos vazios cheios de sangue. O rosto contra o vidro, que lembra o de um zumbi, exibindo dentes podres, a língua faminta. Um homem morto caminhando, eu grito. Mas o zumbi simplesmente anda e abre um sorriso sem sentido, enrugando seu rosto de couro, os dentes da frente ausentes sem o maior dano. Ele caminha para longe, vivo. Eu tento pará-lo, mas ele está perseguindo algum vilão invisível, reclamando eloquentemente sobre algum tratamento injusto, uma banana azul e o cachorro de Sartje com sete cabeças. Eu sigo dirigindo na outra direção, abalada, aliviada, confusa que o metal não triunfou sobre aquele músculo encharcado de drogas.

Muito mais tarde, meu irmão orgulhosamente politicamente incorreto me liga para dar um bote sobre a minha confusão e aplaude meu patriotismo, "Parabéns, senhora ANC", ele rosna cheio de si, "você agora é uma de nós. Você quase matou um *kaffir*."

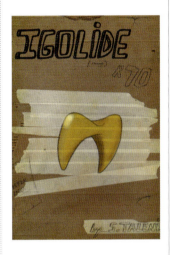

↑ Aluno: Sifiso Taleni

↑ Aluna: Adri Goosen

A linguagem formal de uma fonte para títulos

Academia de Artes da Islândia

Reiquiavique, Islândia

Matéria: formas e ideias 1
Nível: 3º ano (último)
Docente responsável: Goddur
Duração do trabalho: oito semanas

Enunciado

Desenhe uma nova fonte para títulos baseada em uma fonte já existente. Expanda a linguagem formal dessa nova criação para um sistema visual que englobe seus objetivos e ideias subjacentes. Crie uma marca, usando o microcosmo de formas e ideias já desenhadas.

Meta

Como um designer gráfico se torna um Deus: ao longo de alguns anos, a aula de Goddur traz um exercício de criação de identidade com base na forma, elegendo uma fonte para títulos como o ponto de partida para o desenvolvimento de um design gráfico holístico. A ideia é pesquisar uma fonte já existente, circunstâncias de uso (visual, teórica, social e histórica), autor e seu contexto, e então criar uma fonte para títulos contemporânea como resultado dessa pesquisa. A nova fonte se tornará a base para a criação de uma identidade para uma companhia, uma ideologia, ou qualquer coisa que ela seja capaz de comunicar completamente de maneira contemporânea.

Esses elementos são então explorados ainda mais em exercícios de *branding*, mas sem as restrições das preocupações comerciais. O experimento, portanto, se torna um exercício em que a função segue a forma. O designer se torna Deus, e a criação é seu único objetivo. O designer está então livre para desenhar um microcosmo que se ajuste a suas ideias.

Produção

Com base na pesquisa que fizeram, os alunos criaram fontes que evoluíram em seu próprio vocabulário visual, cuja linguagem formal se traduziu em projetos de identidade completos e contemporâneos. Nós vemos uma tendência forte no design de fontes tendo por base um sistema subjacente – a grade. Também há muitos designs baseados em sistemas modulares. Esse é um desenvolvimento interessante porque nossa herança visual é constituída em sua maior parte de dois elementos: a palavra escrita (literatura e escrita feita à mão ou em luminuras) e o bordado, o tricô, a costura. Esses elementos estão, claro, intimamente relacionados à grade. A Islândia é jovem e, portanto, é crucial a essa altura que se explore e se expanda nossa identidade visual como um todo – o que deve ser feito apoiando-se em nosso legado.

→ **Everything Typeface**
Aluno: Helgi Pall Einarsson

Essa é uma fonte modular desenhada para ser montada aleatoriamente por um computador.

EVERYTHING

→ **Tipografia SEXKANT**

Aluno: Daniel Claus Reuter

A intenção da fonte SEXKANT é criar uma vida cotidiana melhor para muitas pessoas. Nós tornamos isso possível ao oferecer uma grande variedade de letras bem desenhadas e funcionais a preços tão baixos que o maior número possível de pessoas será capaz de adquiri-las.

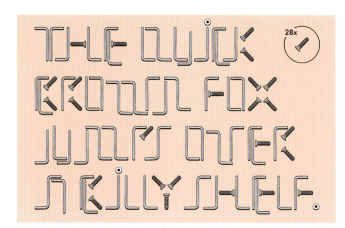

→ **Tipografia Morthens**

Aluno: Jonas Valtysson

Eu decidi usar uma fonte script chamada Vitrina, de Pablo Medina. Eu a escolhi porque gostei do método que Pablo utilizou para criá-la. Ele tira fotos de seus arredores urbanos e se baseia nelas para desenvolver seus projetos de design.

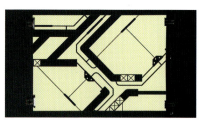

→ **Tipografia Grindavík**

Aluno: Sveinn Davidsson

Grindavík é uma fonte monoespaçada que vem em três pesos. Ela foi inspirada pelo design tipográfico de Wim Crouwel, runas Futhark e formas *comae* antigas.

OS TRABALHOS 91

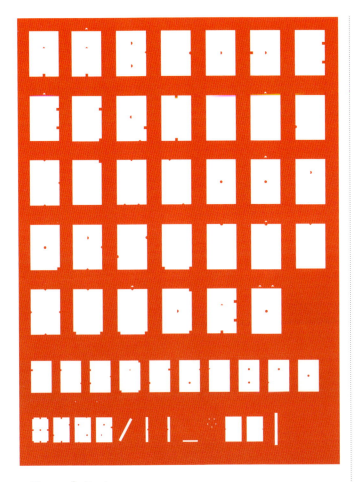

↑ Tipografia Basic
Aluno: Ragnar Freyr Palsson

Essa é uma tentativa de se criar a mais simples tipografia, utilizando apenas formas básicas. O resultado é mínimo, mas ainda assim muito rico. O mais engraçado é que ela é baseada na Franklin Gothic.

↑ Tipografia Dingleballs
Aluna: Birna Geirfinnsdottir

Eu a criei depois de pesquisar a fonte Futura, de Paul Renner.

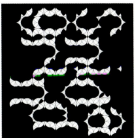

↑ Tipografias Snidagrind e Kogra
Aluno: Siggi Oddsson

Snidagrind foi inspirada pela fonte Gateway, de Stephan Müller. Ela imita a grade modular dessa tipografia, mas é muito mais complexa e orgânica. Pode ser utilizada em dois tipos, A e B, e em cada um deles há uma versão em tamanhos grandes e pequenos. A Kogra foi inspirada por fractais e deve ser usada em tamanhos grandes.

↑ Tipografias Veekend, Father e Abkur
Aluno: Geir Helgi Birgisson

Visualizar vários tipos de informação por meio de múltiplos canais

Instituto de Tecnologia de Illinois, Instituto de Design

Chicago, Illinois, EUA

Matéria: oficina de design de comunicação
Nível: mestrado
Docente responsável: Tomoko Ichikawa
Duração do trabalho: sete a quinze semanas

Enunciado

A comunicação muitas vezes acontece por diversos formatos. O propósito desse trabalho é fazer com que os alunos transmitam informações complexas utilizando diferentes meios. Nessa matéria, os alunos devem atuar como pesquisadores, autores, editores e designers. Uma boa parte do tempo de aula é gasto no desenvolvimento de conteúdo, em que os alunos exploram a essência da história para determinar sua estrutura inerente. Dali, eles representam essa estrutura de forma visual, permitindo que o observador envolva-se com o conteúdo de forma acessível à primeira vista e que seja fácil de compreender. Os alunos são responsáveis por escolher um tópico no campo da saúde física e do bem-estar, pesquisando, desenvolvendo conteúdo e desenhando as peças finais. Nesse percurso, eles devem examinar as diferenças entre os formatos e trabalhar com as características de cada um deles. Essas características lidam com a natureza de cada meio: sequencial/holístico, controlado pelo observador/controlado pelo apresentador, ou permanente/efêmero. Os alunos são desafiados a considerarem questões de design, como narração e sequência, hierarquia visual, revelação progressiva, preparação cognitiva por meio de organizadores avançados, correspondência de estrutura de conteúdo com estrutura visual, unidades de visualização e densidade de informação.

Meta

Os trabalhos serão desenhados em três formatos diferentes: libreto, pôster e apresentação de slides. O tópico para o trabalho inicial tratará da saúde física e bem-estar; os tópicos subsequentes podem ser as áreas em que o aluno já tem amplo conhecimento. Será conduzida uma avaliação de visualizações já existentes para analisar o sucesso (ou falta de sucesso) do trabalho, e um exame dos princípios de design utilizados e possíveis soluções alternativas.

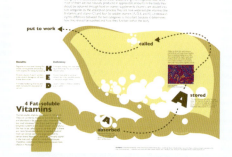

↑ **Vitaminas humanas**
Aluna: Kyungsun Kim

O desafio de se tentar descrever o mundo das vitaminas é solucionado quando dividimos as treze vitaminas em dois grupos básicos: hidrossolúveis e lipossolúveis. Essa é a estrutura básica para meu pôster e libreto. O pôster usa duas imagens abstratas muito dinâmicas de água e fígado/intestinos para representar o processo de absorção dos dois grupos e também descreve os benefícios e deficiências de cada vitamina.

↓ Escoliose

Aluno: Philip La Fargue II

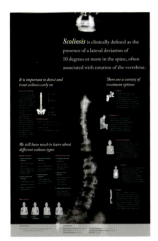

Agraciados com uma imagem dramática que descreve visualmente a escoliose, os observadores aprendem como detectar precocemente a condição, compreendem os vários tipos de escoliose e as principais opções de tratamento. Uma estrutura clara e simples do conteúdo, o uso eficaz da hierarquia tipográfica e a inclusão de gráficos informativos em cada uma das seções resultam em um pôster de fácil compreensão.

↑ Biotecnologia *versus* produção de comida orgânica

Aluno: Lucas Daniel

Ao demonstrar as informações comparativas de dois tipos opostos de produção e distribuição de alimentos, esse pôster tenta educar em vários níveis. No que é essencialmente uma matriz anotada e ilustrada, o observador vê comparações de cada estágio (indicado pela coluna em cinza do meio) da produção até o mercado. Os parágrafos de introdução no topo com os títulos "Biotecnologia" e "Orgânico", junto ao texto entre os dois rostos, sintetizam a grande história que prepara o conteúdo do restante do pôster. Uma linha do tempo comparativa aparece no rodapé para indicar os principais marcos em cada método de produção.

↑ Obesidade infantil

Aluna: Jessica Gatto

Meu pôster compara as atividades diárias de famílias com pais obesos e as de famílias com pais não obesos, nos Estados Unidos. Entre as atividades estão comer juntos, fazer atividade física em família e assistir televisão. Fazer o contraste do índice de massa corporal dos dois grupos, da idade em que se começa a andar até a juventude, é também revelador. São feitas comparações sem juízo de valor, permitindo que os observadores tirem as próprias conclusões. O meu libreto oferece uma narrativa mais sequencial, descreve fatores sociais que contribuem para a obesidade – um aumento acentuado no consumo de carboidratos *versus* o consumo de proteínas, uma elevação veloz no índice de preços de vegetais *versus* refrigerantes e doces e uma diminuição de caminhadas e pedaladas – e dispõe um espaço com soluções, chamando a atenção de pais, das escolas e da mídia.

X Box

Universidade Bilgi de Istambul, Departamento de Design de Comunicação Visual

Istambul, Turquia

Matéria: design de publicações
Nível: 2º ano
Docente responsável: Esen Karol
Duração do trabalho: um semestre

Enunciado

O *X Box* (Caixa X) é um periódico mensal. A capa é sua caixa, que contém uma revista, um livro, um catálogo e pelo menos um item efêmero (por exemplo um adesivo, um cartão-postal). O "X" depende do tópico que é escolhido pelo aluno: caixa de música, caixa de história, caixa de pornografia e caixa de futebol são alguns exemplos. Os alunos devem desenhar a caixa completa e fazer as decisões editoriais necessárias. Todas as publicações e itens efêmeros que serão retirados da caixa têm de ser relacionados ao tópico escolhido e entre si. O trabalho resulta em um boneco, que inclui todos os elementos e deve ser documentado fotograficamente. A questão da suposta neutralidade do designer deve ser questionada. O desenvolvimento de uma perspectiva pessoal é importante. Para a revista, o aluno deve desenhar uma matéria curta (de no mínimo duas páginas), uma matéria longa (de no mínimo seis páginas), uma entrevista (de no mínimo duas páginas), uma página de notícias (de no mínimo duas páginas), uma página de sumário (de no mínimo uma página) e a capa. O aluno deve trabalhar nessa ordem, começando com as páginas de matéria curta e terminando com a capa. As convenções editoriais da produção de revista devem ser questionadas. Para o livro, o aluno deve desenhar pelo menos quatro páginas de exemplo, páginas divisórias (se necessário), subtítulo, título, sumário, colofon e capa. Para o catálogo, ao menos quatro páginas de exemplo, uma divisória de seção, página-título, sumário e a capa precisam ser desenhadas. As convenções de categorização são questionadas com esse exercício. O livro e o catálogo podem ser um redesign de um livro existente; no entanto, espera-se que a revista seja um produto novo: o tipo de publicação que o aluno gostaria que existisse.

Meta

Ao trabalhar com três tipos de publicações em um semestre, os alunos são apresentados às questões primordiais de se fazer design para impressão. Uma revista, um catálogo e um livro têm qualidades muito diferentes, apesar de todos calharem de ter muitas páginas. Eles são produzidos com intenções diferentes, são lidos de forma diferente e assumem funções diferentes depois de seu uso inicial. Ao se tomar todas as decisões editoriais, os alunos tornam-se conscientes das complexidades das estruturas desses meios. Quando têm de relacionar essas publicações entre si, aprendem como lidar com o todo, construído das partes individuais. Os estudantes se envolvem primeiro com imagens em movimento, então são incentivados a fazer design como se estivessem editando um filme.

→ **Post Box Magazine**
Aluno: Serkan Arlsan

A *Post Box Magazine* trata da cultura do design, e todos os meses ela será enviada via correio para as pessoas. Enquanto trabalhava no *layout*, tentei utilizar as fotos no maior tamanho possível. Quero que os leitores tenham uma ideia do contexto assim que eles são confrontados com a página. Usei fundo branco e linhas pretas finas e tentei manter o *layout* simples. Também usei vetores de símbolos postais nas quinas das páginas, que combinam com o conceito da revista.

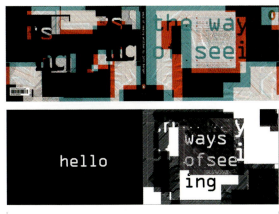

↑ **Ways of Seeing**
Aluno: Efe Mert Kaya

Meu projeto é um redesign de *Ways of Seeing*, de John Berger. Ele consiste de uma série de ensaios escritos e visuais que levantam questões sobre ideologias escondidas em imagens. Com a ajuda de um editor eletrônico, criei defeitos aleatórios no material do livro, inclusive no logotipo da editora. Esse viés pode ser considerado uma outra maneira de enxergar.

← **Annual Catalog of Actar**
Aluno: Kaan Ficici

Esse catálogo anual de livros publicados pela Actar exibe muita informação em um espaço limitado. Os leitores podem navegar de acordo com seus interesses pessoais ao mesmo tempo em que livros de seções diferentes podem ser comparados uns aos outros. Como cada livro tem um espaço individual, eles são diferenciados, e a informação sobre cada um em específico pode ser destacada do catálogo.

← ImprovBox

Aluno: Okay Karadayilar

A revista *ImprovBox* trata de música improvisada, convidando artistas e oferecendo uma variedade de ensaios e críticas. Ela é parte da *ImprovBox*, uma oferta trimestral que contém uma revista, um catálogo de itens variados relacionados ao assunto, um livro e alguns adesivos. Apesar das partes costumeiras de uma revista comum estarem presentes, a sobreposição dos elementos imita a experiência de se ouvir música improvisada.

← HalluBox

Aluna: Ceren Atalay

HalluBox é uma revista sobre a arte da ilustração. Acho que há muitos objetos da vida que estão situados em algum lugar entre a realidade e a abstração. Eu usei muito poucas ilustrações e joguei com a imagem da tipografia. Fiz uso de contrastes fortes de cor e deformei palavras para deixar implícita essa fusão de realidade e abstração. Essa é a razão por que o assunto da revista se tornou o objeto perdido da realidade, mas, nos olhos de quem a vê, ela tem um efeito alucinatório, como o nome sugere.

← Peripteral

Aluno: Refik Anadol

Peripteral é uma revista mensal que contém uma variedade de matérias sobre arquitetura, fotografia arquitetônica, design e os elementos de cada uma dessas áreas. As tipografias são escolhidas de acordo com as matérias, cores monocromáticas são as preferidas para todos os elementos gráficos e tipográficos e são aplicadas de diferentes maneiras de acordo com as matérias. Eu experimentei fotografia ao longo da revista, buscando qualidades estéticas diferentes nas imagens.

↑ Portfolio Book
Aluno: Maurizio Braggiotti

O *Portfolio Book* mostra o meu trabalho pessoal. O livro inclui uma série de retratos que foram feitos com uma câmera de médio formato. Por essa razão, o livro tem a forma de um quadrado. Como esse é um projeto pessoal, preferi usar minha própria letra de mão ao invés de uma fonte já existente.

↑ CameoBox
Aluno: Ceyhun Saracoglu

A *CameoBox*, uma revista mensal sobre cultura de cinema, refere-se às *cameos*, ou pontas em filmes. Como eles tentam ilustrar a realidade na tela, eu utilizei ilustrações em vez de fotografia. Ao fazer isso, acredito que consegui representar a realidade dos filmes na página impressa e capturar a alma do conteúdo.

↑ Street Box
Aluno: Alican Akturk

A *Street Box* é uma revista de *street art* e grafite. Tentei manter o design o mais limpo o possível, utilizando três colunas. Os trabalhos dos artistas são apresentados com imagens que sangram a página. Evita-se o espaço em branco.

← The Process

Aluno: Akin Gulseven

Créditos adicionais: texto por Mark Nelson, Carolyn G. Guertin, Hasso Krull, John Deere e Ray Pride

Design, sono, compressão de dados LZW e memória são minuciosamente examinados no processo. O design da revista tenta fazer o leitor se concentrar em seu próprio processo de produção.

← Psychedelic Box

Aluno: Barbaros Kayan

A *Psychedelic Box* é uma referência à cultura psicodélica dos anos 1960. Ela é apresentada em uma caixa que tem as mesmas dimensões e formato quadrado de um disco de vinil de 45 rotações. Tentei fazer referência à distorção da percepção humana ao recortar as imagens e utilizar cores diferentes em blocos de texto no *layout*. Enquanto criava a revista, tentei pensar como um editor que reflete sobre o conteúdo. Quando dispunha o texto, eu imitava o espaço positivo criado pela composição das imagens na página. Ao fazer isso, consegui criar uma relação forte entre elas.

Quebrando as regras do design de mídias interativas

Universidade Técnica de Yildiz, Departamento de Design de Comunicação

ISTAMBUL, TURQUIA

Matéria: oficina de design de multimídia 3
Nível: 4º ano
Docente responsável: Oguzhan Ozcan e Asim Evren Yantac
Duração do trabalho: um semestre

ENUNCIADO

Nesta aula de prática de design avançado, o aluno estuda como quebrar as regras do design de interação que aprenderam no segundo ano, no curso "Princípios de design de interação". Nós construímos alguns obstáculos de design para os alunos e os incentivamos a encontrar uma maneira nova em seu olhar criativo sem, no entanto, ignorar os princípios básicos de usabilidade. Cada ano apresentamos problemas diferentes relacionados ao design, a fim de monitorar os esforços ao longo de sua trajetória educacional.

META

Nesse trabalho, nós incentivamos os alunos a criar uma interface para pessoas com algum tipo de deficiência temporária, alguém que por um curto período de tempo perdeu uma habilidade fundamental. Um usuário nesse tipo de situação poderia ser, por exemplo, um funcionário de um restaurante que só pode usar uma mão. O objetivo desse trabalho é criar soluções de design que lidem com princípios básicos de usabilidade.

ENTREGA

Os alunos devem entregar um vídeo que demonstre sua personalidade, suas ideias de design e de sistemas interativos.

← Glossy Interface
Aluno: Ahmet Börutecene

O propósito desse estudo é aplicar sons à interface, de uma maneira mais útil. Utilizei filtros para distorcer imagens de uma biblioteca e guiar o usuário ao menu correto. Três menus – "caixa", "livros" e "hall" – são representados por ícones sonoros metafóricos quando o mouse passa por cima dos campos relacionados. Esse é um exemplo básico de como ícones auditivos podem ser utilizados para navegar por uma interface. Em um estudo secundário, não usei imagens e tentei fazer com que o usuário solucionasse o quebra-cabeças por meio do som.

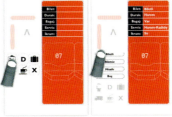

↑ T-Order
Aluno: Harun Yucesoy

O propósito desse projeto é desenhar uma interface que seja acessível para usuários com várias deficiências causadas por condições ambientais. Pessoas saudáveis com duas mãos podem se encontrar em uma situação que as impeça de utilizar uma das mãos. Eu analisei as circunstâncias em particular dos usuários-alvo e experimentei como desenvolver um sistema de navegação e um *layout* de design que leve em consideração as condições específicas e obstáculos naturais de um ambiente.

→ Toys under Water
Aluno: Aybars Pulat

Esse é um jogo para crianças no qual quatro objetos principais devem ser correspondidos a quatro objetos complementares. Alguns deles estão debaixo d'água, então os jogadores não entendem o que eles são a princípio. O som que emitem guia os jogadores à resposta correta. O objetivo desse projeto é tratar o som como um elemento de interface. Por isso são escondidos da vista alguns objetos, utilizando-se o som para localizá-los. Essa prática me fez perceber que o som é um recurso importante para se compreender a interface subconscientemente, principalmente quando há um excesso de elementos visuais.

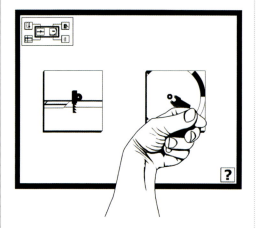

← Touch by Wrist

Aluno: Özalp Eröz

Esse projeto cria uma interface para o trabalhador que precisa consultar um manual eletrônico usando apenas seu pulso, no caso de suas mãos estarem sujas, o que é comum em profissões que exigem trabalho manual. A ideia é oferecer um *layout* mais flexível, com ícones maiores, para que se utilize os pulsos facilmente quando se folheia o manual. Um estilo gráfico minimalista é preferível para se fazer consultas nessas condições de trabalho. Comparar o problema de design de uma interface padrão com uma maior me permitiu entender mais profundamente como um sistema interativo de grandes dimensões deveria ser concebido.

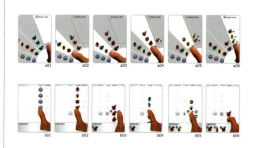

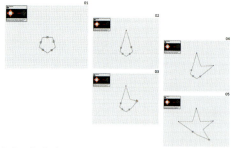

↑ Take Order with One Finger

Aluno: Turgay Öktem

Esse trabalho foi concebido para o garçom que tem que anotar um pedido utilizando o polegar da mão direita, no caso de sua mão esquerda estar ocupada. A filosofia principal desse *layout* de interface é baseado no uso do dedo do canto inferior esquerdo da mão. A interação se torna possível por cliques e arrastes em tela sensíveis ao toque. No início, tive dificuldade em encontrar soluções de design porque estava acostumado a criar *websites*, utilizando as regras costumeiras. Nesse projeto, a condição do usuário é inusitada. Depois de repensar as regras de usabilidade tendo por base essas limitações, testei o projeto eu mesmo para ter certeza de que utilizava as regras para essa interface conscientemente, conforme as diferentes necessidades do usuário.

↑ Sonic Painter

Aluno: Salih Akkemik

É difícil encontrar soluções sonoras criativas para se navegar em uma interface bidimensional. Há cinco pontos na tela que o usuário deve movimentar para chegar à posição correta, que está escondida; fiz uso de uma peça musical para expressar que o usuário está se aproximando dela. Conforme o usuário arrasta um ponto em direção à posição correta, o número de instrumentos no *loop* musical aumenta, então, no fim, a banda inteira está tocando. Em outro estudo, utilizei pulsos sonoros. Esses estudos me fizeram pensar no som como um elemento-guia na interface para navegação, reflexão que resultou em várias soluções diferentes de som sem utilizar apresentações metafóricas.

Design de informação médica

Universidade Iuav de Veneza, Departamento de Artes e Design Industrial

VENEZA, ITÁLIA

ENUNCIADO

Esse trabalho é conectado às atividades de uma unidade de pesquisa em design médico, que funciona no hospital de Veneza. Ele envolve empresas privadas e centros de pesquisa que cedem informações em primeira mão sobre seus problemas de design mais prementes para que soluções experimentais e inovadoras sejam concebidas e testadas sob condições reais. Os trabalhos apresentados aqui lidam com diferentes tópicos no campo do design de informações médicas; o primeiro relaciona-se com a orientação e sistemas de informação dentro das estruturas hospitalares; o segundo explora a interface comunicativa de produtos e equipamentos médicos. Outro assunto importante está ligado à distribuição e consumo de drogas nos hospitais e em casa. A importância dos aspectos comunicativos em todos esses casos é frisada pela ampla difusão de tecnologias digitais e pela mudança do perfil cultural dos usuários desses sistemas informacionais.

META

O objetivo do projeto é expressar as necessidades de diferentes usuários de sistemas de informação, tendo por base o contato prévio com vários *experts* e instituições médicas. Cada aluno deve desenvolver análises suplementares de amplo espectro e entrevistas para investigar mais profundamente o tópico escolhido e criar propostas de design inovadoras e incomuns.

O trabalho explora maneiras diferentes de solucionar problemas sociais e pessoais relevantes ao oferecer a informação correta na hora certa para as pessoas que oferecem ou necessitam de cuidados médicos.

ENTREGA

Muitos desses trabalhos estão no processo de serem realmente utilizados, como por exemplo os sistemas de orientação para hospitais, os registros clínicos eletrônicos e as ferramentas vocais e táteis para deficientes visuais.

Matéria: design de informação / Mestrado em design médico
Nível: mestrado
Docente responsável: Medardo Chiapponi
Duração do trabalho: um semestre + tese

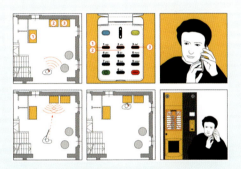

↑ **MyKey, Universal Remote Control for Vending Machines**
Aluna: Erika Cunico

É importante que as máquinas de venda sejam acessíveis a todos, para que não se criem novas barreiras sociais. Esse trabalho analisa o tema da distribuição automática, de distribuidores de comida a máquinas de ingressos, visando aumentar o uso dessa tecnologia a fim de torná-la acessível a pessoas com deficiência visual. A ideia desenvolvida nesse projeto é renovar as máquinas já existentes com um novo dispositivo tecnológico: MyKey, um controle remoto que se comunica com a máquina de vendas por meio de tecnologia BlueTooth. O MyKey dirá às pessoas com deficiência visual que tipo de máquina de venda ou distribuidor está perante delas e quais serviços e possibilidades são oferecidas por cada uma delas. Ao utilizar o controle remoto e o painel, elas serão capazes de selecionar suas funções. Durante essa operação, a pessoa recebe estímulos sonoros e físicos. Por exemplo, um som acústico breve ou uma vibração leve auxiliará o usuário a identificar sua escolha.

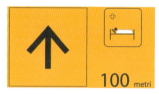

← Smart Wayfinding Totem
Aluno: Carlo Busolin

Este totem inteligente para orientar caminhos oferece uma solução flexível para as pessoas se localizarem em um ambiente hospitalar. Quando alguém entra em um espaço público grande e complexo como um hospital, é comum sentir-se fora de lugar e confuso. Para resolver esse problema, pensei em equipar cada visitante do hospital com um transponder RFID, programado com seu lugar de destino, e assim guiá-lo até lá pelo caminho mais curto com a ajuda de totens inteligentes. Para conseguir isso, desenhei um dispensador que oferece um crachá contendo uma memória integrada e antenas que se comunicam com outros totens, projetados com o propósito de levar os visitantes até onde precisarem. Os totens contam com uma tela e maquinário específico capaz de trocar informações com o cartão RFID no crachá. Quando os visitantes aproximam o crachá da antena do totem, escondida em uma cobertura amarela, o sistema lê seu destino e lhes instrui sobre qual é a direção correta, por meio de uma mensagem audiovisual.

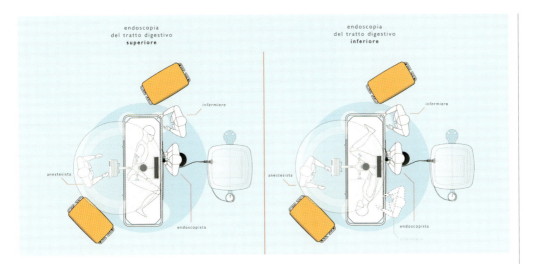

↑ New Configuration in Endoscopy Room Components
Aluno: Nicolò Luppino

Essa configuração ergonômica foi concebida para ajudar os médicos a interpretarem melhor as imagens das endoscopias sem erros. A sua aplicação está sendo considerada e passível de ser viabilizada pelo hospital de Pádua.

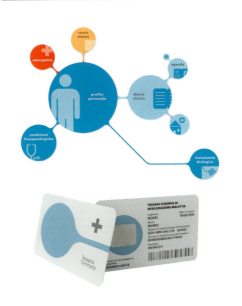

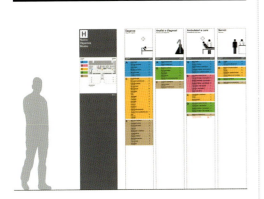

↑ Molecular Health Records
Alunos: Nicolò Luppino e Carlo Busolin

O objetivo desse trabalho é oferecer aos cidadãos e aos funcionários de saúde um instrumento que fale uma língua amigável e possa agregar toda a história clínica dos pacientes, com o objetivo de designar o tratamento adequado a eles. O trabalho será utilizado em cooperação com a fundação Bruno Kessler em Trento, na Itália.

↑ New Mestre Hospital Orientation System
Alunos: Nicolò Luppino, Carlo Busolin e Anna Pasini

O objetivo desse trabalho é o de criar um sistema de orientação claro e simples.

Direitos humanos, injustiças humanas
Massachusetts College of Art and Design

BOSTON, MASSACHUSETTS, EUA

Matéria: design de pôsteres
Nível: 3º e 4º anos (optativa)
Docente responsável: Chaz Maviyane-Davies
Duração do projeto: duas semanas

ENUNCIADO

O mundo está em um estado precário e o que nós conseguimos fazer uns com os outros é ainda pior. "Direitos humanos, injustiças humanas" aborda temas extremamente amplos, permitindo que os alunos escolham e interpretem uma questão social.

Os alunos darão voz a suas opiniões quanto à questão escolhida criando uma declaração visual e conceitual para o público geral, utilizando a integração e/ou sobreposição de palavras e imagens, possivelmente de uma maneira nova ou inesperada. O pôster deve se propor a aumentar a consciência pública sobre seu tópico e fazer com que os observadores questionem suas próprias crenças e estilos de vida.

Como um pôster eficaz alcança essa proposta? Lembre-se que, por sua própria natureza, o pôster pode capturar a atenção imediata do observador e então retê-la pelo que geralmente é um período de tempo curto, porém intenso. Durante esse período de atenção, ele é capaz de provocar e motivar seu público. Ele pode fazer o observador se assustar, rir, refletir, questionar, concordar, protestar, recuar ou reagir de alguma outra maneira. Isso é parte do processo pelo qual a mensagem é transmitida e, em casos bem-sucedidos, mudam comportamentos em última instância. Quando funcionam, os pôsteres funcionam como uma força dinâmica causadora de mudanças.

META

Explorar e expressar, por meio de imagens e tipografia, questões relacionadas ao efeito profundo que temos uns sobre os outros e sobre o ambiente, e confrontar essas questões que constantemente colocam em jogo o respeito por outras pessoas, potencializando assim valores universais. Lembre-se, fraternidade e solidariedade só se tornam realidade quando ajudamos um ao outro e quando há reciprocidade nessa ação.

← Air
Aluno: Damon Jones

→ Everything Is Bigger in Texas
Aluno: John Magnifico

Este pôster foi criado em resposta a uma das muitas questões críticas que envolvem o sistema de encarceramento em massa dos Estados Unidos. O lema criado no estado, que dá nome ao projeto, representa o abuso da pena capital. Eu não queria dizer qual lado está certo e qual está errado usando estatísticas quando criei esse pôster sobre esse tema polêmico. Acho que é mais eficiente enviar mensagens sutis que despertem o interesse ou consciência das pessoas e deixar que elas formem suas próprias opiniões.

← What Will You Remember When You Are 18?
Aluna: Huanwu Zhai

Avaliação do corpo docente: falar para os jovens sobre o ato de votar pode ser produtivo ou não, já que a apatia prevalece sobre uma geração que tem tudo. Ao se descobrir algo que parece ser muito importante na vida deles (quando completam 18 anos), é preciso se apropriar desse signo e ressignificá-lo, para que eles observem e prestem atenção. Quando esse pôster foi exibido pelo campus, parecia que todos paravam para olhar para ele, já que eram capazes de se relacionar com ele de sua própria maneira – sinal de boa comunicação.

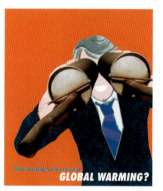

↑ Global Warming?
Aluno: Daniel de Graaf

Esse pôster chama a atenção para a noção de que as soluções muitas vezes estão bem debaixo de nosso nariz. O aquecimento global, apesar de ser uma questão séria e complicada, exige apenas uma investigação pragmática e a mudança de nossos hábitos para ser solucionado.

→ Let Them Eat Pork
Aluna: Erin Murphy

Esse pôster foi criado em resposta à decisão da Assembleia Nacional Francesa em fevereiro de 2004 de banir véus muçulmanos e outros símbolos religiosos das escolas públicas francesas. Minha resposta se concentra na ignorância dessa decisão arcaica quanto às práticas tradicionais do Islã, com a imagem de Maria Antonieta, no século XVIII, representando o governo francês dos dias modernos.

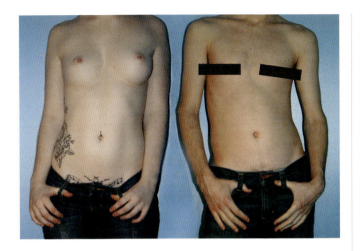

↑ Fashion?
Aluna: Kaitlin O'Donnel

Em um mundo cada vez mais preocupado com o politicamente correto, eu quis chamar a atenção para as questões de gênero. Nesse pôster, levantei o tema da igualdade entre homens e mulheres e seus papéis em relação à sexualidade na mídia.

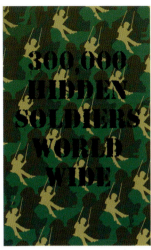

↑ Hidden Child Soldiers
Aluna: Serena Williams

Esse pôster foi criado para aumentar a consciência sobre as crianças que se tornam soldados. Quando você olha com atenção para o padrão de camuflagem de exército, é possível discernir as silhuetas de crianças brincando. A mensagem da estampa de camuflagem é que esses jovens podem parecer soldados, mas na verdade ainda são crianças; o que elas deveriam fazer nessa idade é brincar.

↑ Obesity
Aluna: Stacie Thompson

Aqui vemos aquele momento de epifania em que duas coisas completamente separadas se relacionam visualmente de forma significativa, e fazem completo sentido.

→ Ride to Save Your Ass
Aluna: Gabriela Crinigan

Eu queria criar um pôster promovendo o uso da bicicleta de um ponto de vista de saúde e/ou ambiental. Escolhi combinar os dois e criei uma imagem de bagunça e angústia para representar nosso modo de vida. Nós temos problemas conforme os efeitos danosos da tecnologia nos invadem. A poluição crescente exige esforço das pessoas, não somente o auxílio mecânico. Então, o que pode ser melhor do que usar um objeto feito pelo homem que funciona como estímulo para se purificar o ar? Optei pela tinta acrílica sobre uma tela ao invés de trabalhar digitalmente, já que isso seria pertinente para essa batalha da natureza *versus* tecnologia.

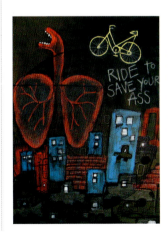

Ilustrar uma página dupla de ficção

Universidade Estadual do Missouri, Departamento de Arte e Design

SPRINGFIELD, MISSOURI, EUA

Matéria: design de imagem
Nível: 3º ano
Docente responsável: Cedomir Kostovic
Duração do trabalho: três semanas

ENUNCIADO

Sua tarefa é produzir uma ilustração para um conto que será publicado em uma revista fictícia e criar uma solução de design para a página dupla. A ilustração é a contrapartida visual do texto escrito. Uma ilustração bem-sucedida estimula a imaginação do leitor o suficiente para fazer com que a história valha a pena ser lida; ela sugere o assunto do texto, apoiando-o visualmente, e, depois da leitura, ajuda a ampliar e aprofundar os horizontes intelectuais e emocionais do leitor. Neste exercício, tentaremos criar um todo multidisciplinar, disporemos conteúdo literário e figuras visuais em harmonia para que se relacionem.

A página dupla em cores deve incorporar título, subtítulo e nome do autor, ao menos uma coluna de texto do início da história, número de página e o nome da revista. Leia a história a ser ilustrada com cuidado mais de uma vez, reflita sobre qual poderia ser a mensagem mais importante que ela comunica. Fique atento para o fato de que os escritores muitas vezes usam símbolos e metáforas. Durante a leitura, faça anotações, rabisque. Crie uma ampla seleção de esboços que sugiram (e não retratem) o conteúdo do texto escrito e evoquem seu clima. Tente encontrar inspirações por meio de pesquisas profundas sobre a época e o local onde ocorre a história. A certa altura, comece a pensar sobre o papel da tipografia em sua solução de design. Observe seus esboços, compare-os e analise-os criticamente; selecione aqueles que tocaram sua imaginação e o convidem para ler a história.

Para escolher a melhor ideia, considere qual esboço tem a capacidade de alargar o escopo de pensamentos e as associações do leitor comunicadas pelo texto. Não há limitações sobre o uso de meios – sua escolha deveria ser uma consequência lógica das exigências formais de seu conceito. Você deve desenhar três soluções de design, tendo em mente três públicos diferentes: adolescentes descolados; um público conservador e leitores de classe alta, sofisticados.

META

Apresentar aos alunos a solução conceitual de problemas e o uso da pesquisa como inspiração e direção em que se pode solucionar um problema; coordenar experiências acumuladas de aulas anteriores (tipografia, design de *layout*, produção de imagens); inventar soluções bem-sucedidas, tendo em mente um público-alvo.

↑ Passion
Aluna: Sherri Brown

↑ Sophisticated

Aluno: Tomlinson Jared

↑ Optimism

Aluna: Annie DeGraf

↑ **Consolation**

Aluna: Sarah Jemes

↑ **Hip**

Aluno: Daniel Zender

↑ **Sophisticated**

Aluna: Candis Spraul

OS TRABALHOS | 113

↑ Consolation
Aluna: Abigail Reilly

↑ Wisdom
Aluna: Jessica Schmidt

↑ Wisdom
Aluna: Richards Scott

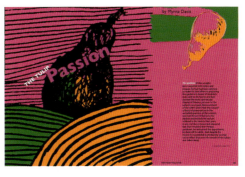

↑ Passion
Aluna: Dustin Jacobs

↑ Secrecy
Aluna: Myriam Bloom

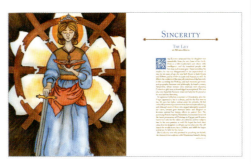

↑ Conservative
Aluna: Kelsey Steffes

Lembranças de Praga

Universidade Estadual da Carolina do Norte, Faculdade de Design

RALEIGH, CAROLINA DO NORTE, EUA

Matéria: oficina de design gráfico avançado: estude em Praga
Nível: 3º e 4º anos
Docente responsável: Denise Gonzales Crisp
Duração do trabalho: três semanas

Enunciado
Crie uma série de *souvenirs* que comuniquem a experiência de se estar na cidade de Praga – artefatos que remetam a ela. Os *souvenirs* vão antecipar o que pode ser significativo para outras pessoas. A série pode tomar a forma de objetos portáteis, cartões-postais, encartes, camisetas etc. Os objetos podem ser construídos, prototipados ou visualizados em representações computadorizadas ou ilustrações.

Meta
A intenção não era simplesmente aplicar gráficos a *souvenirs* padrão, mas integrar objeto, mensagem e forma em artefatos colecionáveis. Os alunos foram apresentados às motivações privadas e públicas por trás dos clichês encontrados nos *souvenirs* já existentes por meio de leitura, análise e discussões. Eles deveriam "responder" a Praga depois de passarem por experiências reais como turistas, identificando o que particularmente teria valor sentimental e que, ao mesmo tempo, teria significado maior do que o *souvenir* padrão.

↑ **Sounds Like Praha**
Aluna: Sarah Leigh

Esse dispositivo portátil captura os sons característicos de Praga como, por exemplo, a aproximação dos bondes.

↑ Prague Boxes
Aluno: Jeffrey Shroyer

Em vez de desenhar uma caixa que fizesse várias coisas impossíveis, criei várias delas com ações simples e realistas. Cada uma é acionada mecanicamente, sem necessidade de eletricidade. A ação mecânica cria a música e o movimento de cada uma. As caixas são compostas de pedaços recortados e pintados à mão e as partes mecânicas montadas por relojoeiros locais. As caixas são bem pequenas, com no máximo 3,5 cm, e vêm na forma de esferas plásticas que são vendidas em máquinas como aquelas de chiclete, por um preço de aproximadamente R$ 0,60 centavos cada.

A primeira caixa contém a fábrica sincopadora ativada por um músico local, que toca na Ponte Charles. A canção de seu CD *Super Dance Music* acompanha todas as caixas em ação.

O músico acena com o chapéu para os transeuntes, o macaquinho da caixa pula de alegria. Enquanto os pássaros voam por detrás da ponte, o tamborzinho da caixa toca no ritmo da música.

A segunda caixa representa uma refeição tcheca típica composta de *goulash* de carne, pedaços de batata e cerveja. A ação dessa caixa é acionada manualmente, uma pequena alavanca altera a refeição entre o antes e depois.

A terceira caixa exibe um fenômeno que acontece quando se desce para o metrô pela escada rolante. Se uma pessoa inclina a cabeça para o lado, parece que os outros passageiros estão inclinados para trás, como se um vento forte estivesse soprando. Essa ilusão conta com a ajuda da orientação dos anúncios, que se alinham com os corrimões das escadas rolantes. Os anúncios foram substituídos pelos pôsteres de nosso primeiro projeto. A ação dessa caixa também é acionada manualmente, uma pequena alavanca inclina a escada rolante para frente e para trás. Uma inclinação exagerada vai fazer com que os passageiros caiam. É quase que um jogo pelo seu teor lúdico.

A caixa final mostra a multidão em frente ao famoso relógio astronômico de Praga. Grandes grupos de pessoas costumam se reunir ali para se decepcionarem pela ação horária limitada do relógio. A multidão gira em antecipação pelo evento e, quando ele acontece, eles ficam parados e suspirando pela falta de sincronismo do fenômeno natural de fora e do relógio.

← Prague Chandelier Earrings and Packaging
Aluna: Emily Millette

Tudo que se refere a Praga é um pouco esquisito e incomum, mas de alguma forma esse tipo de estética funciona. Depois de olhar algumas de minhas fotografias, percebi que as luminárias ornamentadas, típicas da cidade, são um detalhe da vida cotidiana que começa a captar essa esquisitice de maneira bem eficiente. Elas buscam o refinamento, mas acabam ficando um pouco aquém do luxo verdadeiro.

↑ Pivo Coasters
Aluno: Jaime VanWaart

Há muitos costumes em Praga ligados à bebida como, por exemplo, fazer um brinde, beber ou pedir uma cerveja. Os porta-copos apresentam e documentam essas práticas, somadas à variedade de rótulos de cerveja originárias de Praga.

→ Prague History Chess Set
Aluna: Nicole Kraieski

Eu queria criar um *souvenir* que fosse útil e exclusivo de Praga. Entre os que estavam disponíveis nos mercados, o que eu achei mais fascinante foram os conjuntos de xadrez, um jogo que pessoas de diferentes culturas e línguas apreciam. Os estilos dos conjuntos vistos nos mercados de Praga são idênticos aos que eu vi na Cracóvia; apesar de terem designs especiais, são característicos de uma grande quantidade de lugares na Europa Oriental. Minha ideia era desenhar um conjunto que remetesse especificamente a Praga e sua história. Ele seria feito não para o visitante que passa apenas alguns dias ou uma semana, mas o suficiente para imergir no clima da cidade. As peças têm de ser compradas separadamente e colocadas umas contra as outras. Cada uma se refere a uma época diferente da história tcheca. Os dois primeiros conjuntos são a Boêmia e a Tchecoslováquia comunista. Os outros conjuntos incluiriam a República Tcheca de hoje, Praga como parte do Império Austro-Húngaro, Praga sob ocupação nazista, etc.

↑ Prague Tokens
Aluno: Masa Tanaka

Esses *souvenirs* ajudam os turistas a se recordarem de suas pequenas alegrias em aprender a andar por Praga. Eu criei quatro conjuntos de passes de transporte diferentes que os turistas poderiam colecionar e colocar no guia ou no encarte sobre a cidade. Esses passes seriam vendidos em máquinas, dispostas conforme o contexto. Por exemplo, um conjunto de distintivos de transporte estaria disponível no metrô e nas estações de trem para que o turistas pudessem comprar quando chegassem.

↑ Ephemera Boxes

Aluna: Ioana Balasa

Essas caixas criadas a partir de materiais impressos efêmeros são feitas para os turistas guardarem materiais orgânicos e outras coisas de Praga, como grama, pequenos objetos, terra, água, etc.

↑ Velvet Revolution Dolls

Aluno: Kyle Chalk

As roupas dos bonecos participantes da Revolução de Veludo são feitas de materiais reciclados e as costuras ficam expostas para dar materialidade e textura para o lado de frente de cada um deles. Há consistência na forma como alguns dos personagens mais específicos, como Václav Havel e Jan Palach, são caracterizados, pois são produzidos em série. Já os manifestantes não têm a mesma aparência, formando um coletivo de bonecos diferentes, com personalidades próprias. A revolução se deu pelas massas que se uniram e, ao variar a aparência de cada figura, começaríamos a fazer ecoar aquele papel tão importante que tiveram. A parte de trás dos bonecos é feita de pedaços de pôsters originais, pintados com silk-screen ou impressos sobre o tecido. O pôster completo é representado nas costas do cartão de informação que acompanha cada boneco. O propósito é representar esses personagens de uma maneira que atraiam os compradores de *souvenirs* e os ensine algo importante sobre a história recente de Praga e da República Tcheca.

Comunicação centrada no usuário

Universidade das Artes

Filadélfia, Pensilvânia, EUA

Matéria: oficina de design de comunicação centrada no usuário
Nível: 3º ano
Docente Responsável: Jorge Frascara e Guillermina Noël
Duração do trabalho: uma semana

Enunciado

A oficina envolvia cinco trabalhos que abordavam o tema do design centrado no usuário, permitindo que o aluno vivenciasse maneiras diferentes de envolver os usuários no processo de design, incluindo os que tinham necessidades especiais. Três alunos trabalhavam em cada projeto.

Várias palestras davam apoio ao início dos trabalhos, discutindo o design centrado no usuário, percepção visual, cognição, métodos de design, teorias de leitura, e afasia, utilizando questionários de planejamento e discussão e entrevistas.

Para todos os cinco trabalhos exigia-se que os alunos analisassem o design da informação existente para que conferissem o quão eficiente ela se dava e como o design pode ser melhorado para uma melhor compreensão do usuário. Então, pedia-se que os estudantes redesenhassem a peça tomando por base sua análise. Eles tinham de levar em conta a sequência e a articulação de informação, hierarquias e estratégias visuais para denotá-las, e detalhes de tom, cor, fonte e tamanho da tipografia.

Ao se completar o design inicial, os alunos entrevistavam grupos de usuários de cada projeto para determinar seus desejos e necessidades. Ao utilizar essa análise, os estudantes redesenhavam seus protótipos e os entregavam para avaliação com um relatório de uma página que incluía uma descrição dos problemas e como eles chegaram à sua solução.

PROJETO 1: Informação médica para o público geral sobre drogas que não necessitam de receita médica

Essa informação costuma ser ditada pela legislação e é direcionada a pelo menos três públicos distintos: médicos, o público em geral e especialistas de marketing. Dada a quantidade de informação, há a tendência de se usar letras de tamanho diminuto e de acumular a maior quantidade de texto possível num espaço pequeno. De modo geral, cada formulário e cada *layout* expressa e alimenta alguns valores culturais, e afeta a maneira como as pessoas lidam com as coisas e com as outras pessoas. O propósito desse trabalho é descobrir como um designer de comunicação visual pode melhorar as implicações sociais e éticas, ao mesmo tempo que altera a eficácia de um folheto já existente, por meio da análise e reorganização desse conteúdo.

PROJETO 2: Design do diagrama para a compreensão da interação de fatores de segurança no trânsito

A estrutura da linguagem verbal oferece possibilidades limitadas para se transmitir informação. Ele promove o pensamento linear e é muito deficiente para a apresentação de inclusões, simultaneidades, multiplicidade de maneiras e complexidade de conexões. Apesar de todas essas questões serem possíveis de serem descritas verbalmente, a natureza do discurso verbal não reflete a estrutura do que está sendo significado. Nós precisamos desenvolver estratégias de pensamento que nos auxiliem a compreender ecologias de informação. O nosso desafio quando tentamos representar um problema complexo de maneira diagramática não deveria ser guiado pela necessidade de simplificar a informação apresentada, mas sim de organizá-la e apresentá-la de uma forma em que não apenas seja possível reconhecer todos os fatores que estão em jogo, mas também suas interações.

PROJETO 3: Design de interface para uma aplicação de web para atendimento emergencial

O design de interfaces vem sendo discutido intensamente nos últimos vinte anos, e há pouco que pode ser resgatado com princípios universalmente válidos. Ainda assim, quando uma interface tem um objetivo muito preciso, como é nosso caso, servindo um sistema de atendimento de emergência, duas coisas acontecem: 1) torna-se mais possível desenvolver critérios de design; 2) o sucesso da interface será definido pelas especificações de performance relacionadas a tarefas muito claramente definidas. Uma interface desse tipo funciona muito mais como o painel de controle de um avião do que como o sistema usado pela Google ou pela Amazon. Essa interface requer treinamento antes de ser utilizada, e cada grupo de usuários tem um escopo preciso e limitado. Para esse trabalho, deveríamos desenvolver um design de interface rico em prospectos, ou seja, uma página inicial que exibiria cada função e cada item no sistema. A apresentação visual estimula a cognição e pode facilitar a usabilidade do produto, que ganhará a confiança do usuário para o qual está sendo oferecido o serviço.

PROJETO 4: Informar pacientes de derrames e afasia

Afasia é uma doença de comunicação e, na maior parte dos casos, é causada por derrame, a interrupção repentina de fornecimento de sangue para o cérebro. Em menos de 1 segundo, o sistema de linguagem desenvolvido desde a infância torna-se parcialmente ou completamente danificado. O número de pessoas que sofrem de afasia nos Estados Unidos é estimado em 1 milhão. O objetivo desse projeto é criar gráficos de informação para pessoas com necessidades especiais.

PROJETO 5: Facilitar a leitura para pacientes com afasia

É bem comum que pacientes com afasia sofram algum tipo de dificuldade para ler. A dificuldade vai ser diferente para cada indivíduo, mas com avaliação clínica alguns padrões de deficiência são descobertos. O objetivo aqui é criar um *layout* que facilite a leitura para pessoas com necessidades especiais.

↑ **Informação médica para o público geral sobre drogas que não necessitam de receita médica**
Alunos: Greg Deldeo, Jeanette Hodgkins e Laura Segal

Esse protótipo tenta enfatizar os cuidados ao se exibir um símbolo e utilizar fundo amarelo nos alertas. A informação foi reorganizada em grupos mais claros quando comparados com o design que é utilizado no momento. Os títulos foram enfatizados ao se aumentar o tamanho e tornar a cor mais intensa.

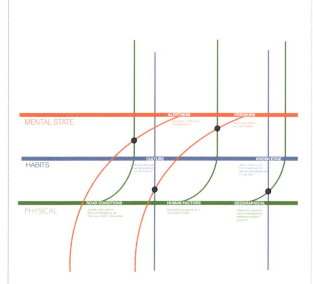

↑ Design do diagrama para a compreensão da interação de fatores de segurança no trânsito

Alunos: Nichole Bartholomew, Lucia de Sousa e Milosz Wachowiak

Originalmente, recebemos um esquema confuso com doze categorias, todas apontando para um círculo no meio que significava que todas elas afetavam o comportamento do motorista. Cada tema tinha algumas palavras em balões flutuando ao seu redor, alguns flutuantes demais, sendo difícil descobrir por onde começar. A questão, portanto, era: "Será que deveria começar em algum ponto?". A forma circular com todos os temas apontando para o centro não indicava ponto algum de partida. Decidimos então que era mais fácil ler por estágios. O esquema existente não tinha qualquer hierarquia, apenas temas e subtemas. Os fatores de segurança no tráfego poderiam ser reduzidos a duas categorias: o usuário da estrada e o ambiente. O usuário se refere ao comportamento dos usuários, fatores que eles conseguem controlar e sobre os quais têm o poder de decidir; o ambiente se refere ao mundo externo, a fatores fora do controle do usuário da estrada, que devem ser motivo de atenção. Nós removemos a maior quantidade possível de informações do esquema original e adicionamos as nossas próprias. A melhor maneira de avaliar a usabilidade desse esquema é perguntar se as pessoas conseguem ler as informações e se querem utilizá-lo.

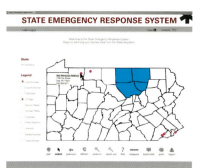

↑ Design de interface para uma aplicação web de atendimento emergencial

Alunos: Alexa Falcone e Tim Rinaldi

Os problemas que enfrentamos não se restringiam a criar uma interface amigável. Como designers, tínhamos que imaginar como esse programa seria configurado, especialmente porque nenhum de nós tinha qualquer conhecimento de programação ou configuração de banco de dados. O que um programa é capaz de fazer? Qual é a complexidade que você pode dar a algo e ainda assim mantê-lo compreensível? Essas eram as principais questões que tínhamos que pensar a cada estágio. Como não éramos familiarizados com os programas (e, portanto, presumimos que nosso usuário também não era familiarizado), decidimos simplificar todo o *website* com o uso de termos básicos. A resposta que obtivemos de nossos usuários também reafirmou essa crença: os nossos três entrevistados frisaram a legibilidade, simplicidade e clareza do método de comunicação. Usando o retorno específico que recebemos de nossas entrevistas, criamos um *layout* rápido e direto ao ponto. O uso mínimo de cores ajudou a ilustrar as principais áreas de interesse, e ícones adicionais reforçaram a acessibilidade num relance. Retiramos funções que pareciam irrelevantes ou redundantes e mantivemos aquelas que eram cruciais à navegação e notificação. Ao fazer isso tudo, tentamos criar um *layout* que se adequasse a nossos usuários – um programa que fosse simples e claro em sua funcionalidade.

→ **Informar pacientes de derrame e afasia**
Alunos: Josh Hey, Paul Quinn e Megan Wilde

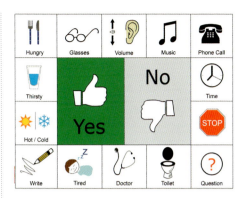

Nós queríamos criar uma ferramenta para que o médico explicasse informações ao paciente com o uso de termos simples. Nosso primeiro design era baseado nos artigos sobre afasia que recebemos. Dividimos o texto em cinco categorias de informação principais, subdivimos em cinco páginas e criamos um *layout* que consideramos apropriado para ser lido por pacientes de afasia. Nos reunimos com três pessoas afetadas por formas diferentes de afasia. Cada entrevista reforçava a ideia de que pessoas com esse tipo de dificuldade, assim que saem do derrame, desejam fortemente interagir com as pessoas, então querem informações sobre o que aconteceu com eles, não querem ser tratados de maneira condescendente ou como se não estivessem presentes. Tínhamos alguns diagramas que consideramos incluir, mas depois de nossas entrevistas decidimos que era essencial adicionar algum tipo de imagem. As três entrevistas enfatizaram a importância de imagens, porque é difícil prever quais pacientes serão capazes de ler textos e quais não serão, portanto, imagens de apoio podem cobrir as falhas de compreensão. Elas também podem ajudar o médico a explicar quais áreas do cérebro e do corpo do paciente foram afetadas. Todos os nossos entrevistados concordaram que o tamanho e legibilidade de nosso original estavam boas, mas sugeriram simplificar o texto para termos mais fáceis. Descobrimos que eliminar frases compridas e isolar palavras-chave tornariam o texto mais fácil de ser compreendido pelo paciente. Também, tendo por base nossas entrevistas, decidimos incluir páginas em branco no final para permitir ao paciente alguma forma de expressão, assim como uma folha separada com recursos adicionais sobre afasia para membros da família.

← **Facilitar a leitura para pacientes com afasia**
Alunos: Stephanie Koleda, Daniel Kwon, e Crystal Shepard

Nossa primeira decisão importante foi escolher uma fonte acessível ao usuário com afasia, a fim de que não confundisse letras como b e d, e o l minúsculo com o I maiúsculo. Escolhemos a fonte Century, uma fonte serifada, ao invés de uma fonte sem serifa, já que ela mostra diferenças maiores entre as letras selecionadas. Para o tamanho do texto, precisávamos de algo que fosse grande o suficiente para ser enxergado pelos usuários, pois algumas pessoas com afasia leem as letras como símbolos, não como letras. Ter espaço suficiente entre as letras era outra questão importante, pois alguns deles só conseguem ler uma letra de cada vez ou palavra por palavra. O espaço entre as palavras e linhas também era um fator importante, pois assim os leitores poderiam ver onde as palavras começavam e terminavam, e também para que houvesse espaço o suficiente entre as linhas, de forma que o texto não os confundisse. Nós preferimos usar cor ao em vez de preto e branco, já que é mais agradável e ainda oferece contraste. Para nossos protótipos, consideramos um pôster e um panfleto, sendo que este poderia ser lido um parágrafo por vez. No entanto, em nosso panfleto original, o formato horizontal do papel e do texto dava um pouco de trabalho, pois o texto geralmente fica na posição vertical, formato usado no pôster e que foi o preferido pelos entrevistados. Para satisfazer esse problema, combinamos, então, os dois formatos.

Criar designs significativos

Academia de Belas Artes Jan Matejko, Faculdade de Design Industrial, Departamento de Comunicação Visual

Cracóvia, Polônia

Matéria: oficina de design B
Nível: graduação
Docente responsável: Jan Nuckowski
Duração do trabalho: um semestre

↓ Graphics for Packaging Medications
Aluna: Adelina Arendarksa

Eu queria criar um design para embalagens de medicamentos que fosse de fácil compreensão para os consumidores, que incluísse tarefas múltiplas e que enfatizasse a questão da segurança.

→ Promoting Fair Trade
Aluna: Maria Korzenska

Ciente da importância do Comércio Justo (Fair Trade) no mundo de hoje e do fato de que sua existência é relativamente desconhecida na sociedade polonesa, esse conceito tornou-se o cerne de meu trabalho. Criei uma organização hipotética que faz a certificação do Comércio Justo para produtos e produtores e outras atividades que promovem essa ideia.

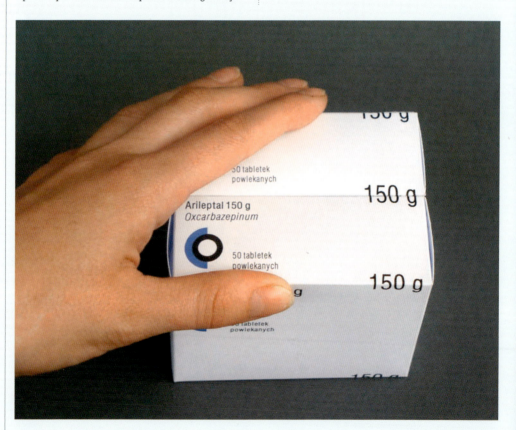

OS TRABALHOS · 123

↑ **What Are Vitamins and What Do They Give Us?**

Aluna: Olga Chodakowska

Esses designs ilustram os benefícios das vitaminas para a saúde do corpo e demonstram que informações complicadas podem ser transmitidas de maneira simples.

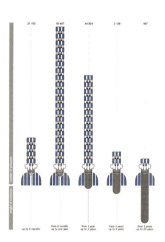

↑ **Visualizing Statistical Data**
Aluna: Monika Bielak

A visualização de dados estatísticos é um aspecto grande e importante da comunicação visual, mas é muitas vezes negligenciada por designers poloneses. Esse gráfico ilustra o número de pessoas nas prisões e a duração de suas condenações.

↑ **Personal Hygiene Campaign**
Aluna: Karolina Kempa

Essas fotografias de cunho dramático conjuram os sensos imediatamente – qualquer um pode entender o que está sendo comunicado apenas por meio das imagens dessa campanha de higiene pessoal.

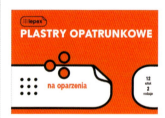

↑ **Lepex Package Design**
Aluna: Monika Mlynarczyk-Pacewicz

O conceito de uma embalagem deve apresentar um tema semântico recorrente para o produto. O design também deveria identificar claramente a família da embalagem e, ao mesmo tempo, tornar possível reconhecer um produto em particular.

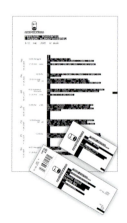

← **Music Festival Materials**
Aluno: Dominik Blok

Eu queria criar designs para um festival de música da maneira mais simples possível para utilização em impressos e em um *website*.

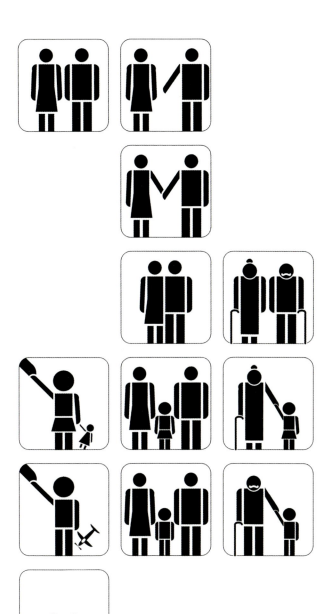

↑ **Tax Return Form**

Aluno: Seweryn Puchala

Desenhar um formulário de restituição de impostos é uma tarefa complexa e multifacetada. Um formulário deve refletir a preocupação do Estado pelo bem-estar de seus cidadãos; estes, por outro lado, devem confiar que eles serão pagos de forma decente por seu trabalho honesto e que seus impostos não serão desviados, mas gastos em prol do benefício ao bem comum. Portanto, nesse trabalho a confiança mencionada deveria ser ampliada pelo design do formulário.

← **Family Relationships**

Aluno: Szymon Kiwerski

Essa é uma introdução para a criação de sistemas de sinalização, demonstrando como as placas podem expressar as relações familiares.

Faça uma cadeira
Portfolio Center
ATLANTA, GEORGIA, EUA

Matéria: modernismo – história, crítica e teoria
Nível: 3º a 7º bimestres
Docente responsável: Hank Richardson
Duração do trabalho: nove semanas

ENUNCIADO
"O foco primário de uma cadeira é poder se sentar sobre ela, enquanto sua função secundária é incorporar um conjunto de valores estéticos ou comunicar uma mensagem/opinião. A função secundária do design é a função primária da arte: este é o ponto onde as duas se cruzam." – Angus Hyland, Pentagram, Londres.

A aula "Modernismo: história, crítica e teoria" do Portfolio Center explora a história e crítica do design como catalisador de novas ideias. O aluno recebe um movimento artístico em particular para pesquisar, e precisa "ensiná-lo" para seus colegas de classe por meio de apresentações dinâmicas. Há uma longa tradição de teatro superlativo nessa matéria; espera-se que o aluno mantenha essa tradição. Em seguida, deve-se considerar como projetar uma cadeira dentro do estilo e contexto desse movimento do design. É essencial para essa tarefa que a cadeira integre seus próprios valores e história, tornando-se uma metáfora do ser humano enquanto um indivíduo no mundo. Essa reflexão envolve busca de inspiração nas vivências pessoais e lida com assuntos para além da zona de conforto. O aluno descobre exatamente do que se constitui enquanto indivíduo, artista e revolucionário, pois, antes da disciplina chegar ao fim, o trabalho consiste em projetar, pesquisar e escolher materiais, criar modelos e entregar os projetos para serem construídos.

META
Os alunos recebem a missão de combinarem a inspiração de um movimento artístico escolhido aleatoriamente com a vivência pessoal para criarem uma peça de mobília. O trabalho deve levar em conta os processos da concepção até a fabricação, trabalhando intimamente com os artesãos que construirão suas cadeiras. As cadeiras resultantes não são apenas lindas metáforas, mas também servem de testamento para a paixão, comprometimento e perseverança de seus designers.

← **Sister Chair / De Stijl**
Aluna: Rachel Strubinger
Construtor: Walt Wittman

→ **Impermanence/Futurism**

Aluna: Chirsty Errico
Construtor: Doug Turner

Minha cadeira representa a mudança. O assento é sustentado por um delta, o símbolo da mudança. O formato faz uma alusão vaga ao símbolo do infinito e à ideia de que a mudança é realmente infinita. A almofada fornece conforto durante a mudança, pois não importa a sua força, um pouco de apoio durante esses períodos nunca é demais. Finalmente, os três pontos de cada lado da cadeira representam os três grupos de pessoas que foram as únicas constantes em minha vida além da mudança: meus avós, meus pais e meus irmãos. Lembrar que eles estão de alguma forma comigo, fisicamente ou em espírito, me ajuda a aceitar melhor minha jornada.

→ **Tolerance/Postmodern**

Aluna: Julie Rado
Construtor: Doug Turner

Inspirado por um conflito que me fez perder vários amigos de infância, essa cadeira é uma metáfora para a tolerância ou para a habilidade de levar em conta perspectivas diferentes. Eu quero que os observadores entendam que todos têm sua verdade. Assim como não há uma maneira certa de ver as coisas, não há maneira certa de se sentar nessa cadeira. Ela é feita para várias pessoas e aquelas que se sentam optam por fazê-lo; elas escolhem lidar com outras pessoas sentando-se com elas, lado a lado, frente a frente.

↑ **EVO/Futurism**

Aluno: Keith Oh
Construtores: Michael Gilmartin, madeira; Andrew Crawfor, metal

Eu me mudei da Coreia do Sul para os Estados Unidos quando era jovem, e essa cadeira representa a busca pela minha própria voz. As pernas representam minhas raízes e estão arqueadas para se parecerem com uma pessoa se ajoelhando. As faixas representam a influência da cultura ocidental. Ela não tem braços, então você deve se inclinar para frente para se levantar. A peça de aço sólido no topo representa minha espinha dorsal. As cinco almofadas representam as diferentes vivências da minha vida, e os buracos com aparência de células representam o crescimento. O aço dá sustentação à cadeira, mas pesa muito.

↑ One Memory/Basel School
Aluno: Kevin Scarbrough
Construtor: Michael Gilmartin

Eu era do interior e tinha catorze anos quando nós nos encontramos. Eu tinha acabado de completar dezoito anos e estávamos em algum lugar do Canyon Bryce, ao nascer do sol. Três semanas e 8 mil quilômetros de estrada, poeira e protetor solar nos separavam de casa. Nós estávamos falidos, famintos e felizes. O tempo não tinha importância e se arrastava sem ser percebido. Nessa liberdade, percebi que o único caminho para a felicidade é pelo autogoverno e pela autodescoberta. Essa cadeira pálida de madeira e ondulada simboliza o otimismo humilde fortificado pela experiência. A forma aninha o corpo cuidadosamente com apoio apropriado e com liberdade.

↓ Morris Lounge/Bauhaus
Aluno: Dave Whitling
Construtor: Donald Cope

A espreguiçadeira Morris se tornou uma metáfora da minha jornada em ser uma pessoa independente. O nome "Morris" veio de uma amálgama de duas das pessoas que mais me influenciaram nessa jornada, minha mãe e o pai dela. Aprender a força e o valor que uma história pessoal pode emprestar para um projeto, independentemente da forma, é algo que busquei integrar na maioria dos trabalhos que tenho feito desde então.

← Self-Doubt/Vorticism
Aluna: Meggan Wood
Construtor: Reed La Plant

A cadeira representa uma época de minha vida em que eu estava imersa em uma autodúvida. A coragem pura e a confiança desatada, simbolizados pela prancha com detalhes laranja, foram queimados e arrancados do corpo da cadeira, deixando apenas um resto do "meu ser original". O resto da cadeira tem uma estrutura parecida com costelas, com acolchoamento bege ralo que indica uma complacência desbotada. A estrutura como um todo faz alusão à concha remanescente de uma pessoa, com a prancha queimada servindo apenas como uma lembrança irônica da pessoa que ficou no passado.

↑ Personae/De Stijl
Aluno: Mike Kelly
Construtor: Walt Wittmann

Essa cadeira interpreta os valores do movimento de design De Stijl por meio das lentes de uma vivência pessoal importante. Os parafusos no assento permitem que o assento seja flexível entre duas posições que contrastam entre si, dependendo do nível de conforto que o usuário procura. As posições representam uma dualidade de *personas* no contexto da minha vivência. O ângulo do assento e as opções para distribuição de peso dentro de uma estrutura de apoio transparente expressam um ponto de vista de que uma transformação rumo à autoconfiança e, em última instância, à felicidade é função da transparência e da vontade de mudar.

→ Impact/Atomic Style
Aluno: Dave Werner
Construtor: Andrew Crawford

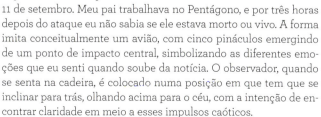

Essa cadeira é inspirada pelo período das guerras atômicas e pelas vivências pessoais em 11 de setembro. Meu pai trabalhava no Pentágono, e por três horas depois do ataque eu não sabia se ele estava morto ou vivo. A forma imita conceitualmente um avião, com cinco pináculos emergindo de um ponto de impacto central, simbolizando as diferentes emoções que eu senti quando soube da notícia. O observador, quando se senta na cadeira, é colocado numa posição em que tem que se inclinar para trás, olhando acima para o céu, com a intenção de encontrar claridade em meio a esses impulsos caóticos.

↓ Embrace/Atomic Style
Aluna: Amanda Babcock
Construtores: Michael Gilmartin, madeira; Andrew Crawford, metal

Criar essa cadeira foi ao mesmo tempo aterrorizante e excitante e, em retrospecto, representa um verdadeiro ponto decisivo em minha vida. Sendo tímida por natureza, sempre me repreendi por não ser mais extrovertida. Para suportar esse sentimento, escondi um turbilhão de coisas por trás de uma fachada de alegria e perfeccionismo. Essa cadeira incorpora essa luta: seu assento perfeitamente estriado é bem-acabado, e, no entanto, algo muito diferente luta para brotar por trás dessa superfície. O metal se entrelaça com a madeira, parecendo fora de lugar num primeiro momento, porém, aceitar a presença do metal permite que sua beleza se torne aparente e ressalte sua importância para o sucesso da peça como um todo.

Livros de viagem
Universidade de Artes Folkwang

Essen, Alemanha

Matéria: design de livros
Nível: 3º ano
Docente responsável: Ralf de Jong
Duração do projeto: um semestre

Enunciado
Crie um conceito para uma série de livros que servirão como guias de viagem, seja para turistas ou não.

Meta
Especifique um público-alvo para seus livros e determine seus desejos e necessidades. Em seguida analise os livros disponíveis atualmente no mercado para descobrir como eles podem ser melhorados para que se encaixem nas expectativas do público. Preste atenção especialmente em como as melhorias podem se tornar visíveis para ampliar as possibilidades de marketing. Tente encontrar um meio-termo entre soluções de detalhe inovadoras e o conceito tradicional de um códice.

↑ Aluna: Marieke Wüller

Eu criei uma série de livros com textos sobre viagem. Algumas imagens geográficas são colocadas ao longo dos textos, imprimindo cada cidade em seu contexto nacional. Cada livro é acompanhado por um CD, permitindo que os observadores assistam uma versão em filme pelo laptop. Livro e DVD são embalados juntos em uma caixa.

OS TRABALHOS | 131

↑ Aluna: Alexandra Blatt

Os livros de bolso que costumo ler no trem ficam sujos e estragados por serem carregados na minha bolsa. Eu tentei combinar as vantagens de um livro de bolso (baratos de se produzir, pequenos e leves) com as de um livro de capa dura (robustos e mais duráveis). Meu livro é pequeno (do tamanho de uma caixa de DVD) e leve (impresso em papel-bíblia). Ele vem junto a uma caixa de alumínio de pouco peso e forte. Todos os livros da série são do tamanho da caixa, então só é preciso comprá-lo uma vez. Cada livro passa a ter o máximo de proteção pelo menor preço. A disposição tipográfica é econômica e tradicional. A fonte, Scotch Roman, é bastante pesada e muito legível mesmo em pequenos tamanhos – outra razão para imprimir apenas em páginas duplas alternadas.

↑ Aluna: Pavlina Boneva

Eu experimentei materiais inovadores do setor industrial para criar uma capa que oferecesse proteção.

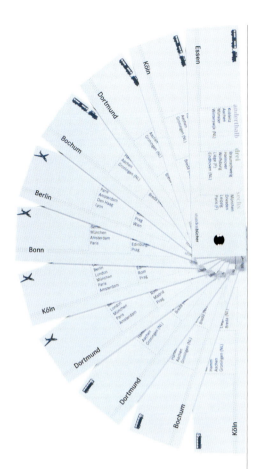

↑ Aluna: Diana Tessmer

Os turistas costumam ler mais no trem ou no avião do que em seu destino final. Dependendo de quanto tempo demora para se chegar lá, eles preferem um romance longo ou curto, mas, sem dúvida, não querem terminá-lo no meio da viagem, no intervalo de duas ou três semanas ou no caminho de volta para casa. Eu criei uma série de livros em que todos os volumes têm 160 páginas, mas contêm textos de diferentes extensões. O que varia é a quantidade de texto por página. Desenvolvi três *layouts* diferentes, trabalhando com três formas da fonte Corporate de Kurt Weidemann: Corporate Antiqua, um design (mais ou menos) classicista; Corporate Sans, um design sem serifa; e Corporate Egyptienne, um design de serifas bastão. A costura e encadernação da série são econômicas por causa do tamanho e da quantidade de páginas uniformes.

↓ Aluna: Mareike Hundt

Eu criei uma série de livros bilíngues que os leitores podem trocar para a língua do país para o qual estão viajando, basta virar o lado do livro.

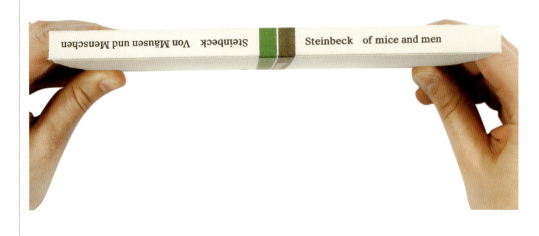

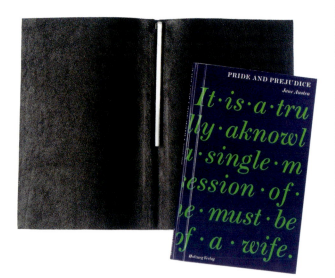

↑ Aluna: Stefanie Shoenig

Eu criei uma série de capas de couro intercambiáveis com um bastão de aço na lombada que conecta a capa aos livros. Agora eu posso ler um best-seller como qualquer livro da Jane Austen durante minha viagem e fazer com que as pessoas acreditem que estou lendo Goethe.

↑ Aluna: Anna Zaremba

Eu considero que a capa de meu livro é um acessório de moda, criei várias capas feitas de lã com peças magnéticas embutidas. Os livros têm o formato de brochuras simples e brancas, com o título impresso em alto-relevo sobre elas e uma faixa visível identificando o autor e o título (para auxiliar a venda na loja). A encadernação tem peças magnéticas que se alinham com as da capa, sendo que estas podem ser trocadas e escolhidas de acordo com o ambiente, temperamento pessoal, etc.

OS TRABALHOS · 133

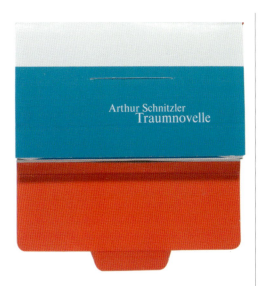

↑ Aluna: Lea Reck

Eu criei um livro cuja capa também funciona como uma caixa de papelão. Dessa forma, o livro pode ser lido durante as férias e depois ser enviado para casa ou dado de presente para um amigo.

↓ Aluna: Friederike Brandenburg

Eu criei uma série de livros para quem passa as férias ao ar livre fazendo esportes, com o diferencial de que são impressos em papel resistente a água (perfeito para mochileiros). O tamanho da letra é grande e ideal para ser lido nas mais diversas intempéries. A disposição do texto é muito econômica para diminuir o peso do volume, mas há um espaço para se colocar o polegar quando se segura o livro. A capa vermelha pode servir como uma sinalização, para pedir ajuda em caso de emergência.

↑ Aluna: Juliana Mittmann

Eu criei capas e livros intercambiáveis. Essas capas de alto padrão são estofadas e servem de almofada em viagens longas.

Oficina de pôster de colagem
Rhode Island School of Design
Providence, Rhode Island, EUA

Matéria: design de pôster
Nível: 3º e 4º anos, e optativa na pós-graduação
Docente responsável: Nancy Skolos
Duração do trabalho: três semanas

Enunciado

O ato criativo da colagem pode oferecer inspiração para estudantes de design gráfico. Tudo no arsenal de um designer gráfico – palavras, objetos efêmeros, materiais, cores e contextos – pode ser recombinado para criar um fenômeno visual/verbal único. Essas configurações visuais capturam nossas mentes e olhos e desafiam nossos preconceitos. A colagem é ao mesmo tempo um processo e um resultado. Ela já vem sendo empregada há pelo menos um século, e seu potencial como força criativa não demonstra qualquer sinal de estar esgotado. Como metodologia, a colagem é valiosíssima. Quando um trabalho começa a ser feito em nosso estúdio, muitas vezes a pilha de sobras na beirada da mesa é muito mais provocante do que o projeto sendo "desenhado".

Esses acidentes inesperados que acontecem nos bastidores, em gavetas cobertas com papel colorido recortado de atividades criativas anteriores, já deflagraram e sustentaram nossa energia criativa por décadas. Ao ensinar, eu também já empreguei a colagem para fazer a intuição se tornar uma vivência mais tangível e educativa. Esse exercício utiliza milhares de pedaços de revistas recortados, como um catalizador de um exercício sobre como o conteúdo e a forma podem ser negociados. A fluidez de se misturar e embaralhar pedaços e os acidentes fortuitos decorrentes – contraste, mudanças de escala, e colisões – liberam uma sensação lúdica sem inibições.

Materiais necessários: cartolina preta para fazer um par de peças em forma de L para formar molduras, com aproximadamente 20,5 a 25,5 cm de comprimento em cada direção. Cola bastão e/ou fita adesiva transparente, lápis, caneta preta de ponta porosa, papel branco, tesouras ou estilete e papel vegetal.

As composições serão montadas a partir de recortes de papel. Comece intuitivamente vasculhando a pilha com as molduras para ver se algo de interessante salta à vista. Os Ls podem se concentrar numa área pequena ou num campo mais amplo. As composições aleatórias são emolduradas pelas cartolinas, coladas em sua posição, contornadas com uma caneta e recortadas, então coladas em uma folha de papel branco. Inicialmente, elas deveriam ser criadas de forma ágil e intuitivamente, sem o menor raciocínio lógico. Comece a trabalhar de forma mais intencional, gradualmente, buscando relações entre os recortes, como cores e superfície. Seja mais deliberado sobre os alinhamentos conforme você monta as colagens adicionais. Escolha algumas de suas composições mais fortes e faça fotocópias. Observe a diferença na colagem quando a cor é removida e a superfície se torna mais homogênea. Mantenha suas composições preferidas num caderno para referência futura. Perceba que mesmo se a composição como um todo for fraca, pode haver algum detalhe inspirador – talvez a maneira como uma letra é recortada ou como o pedaço de uma imagem se encontra com algumas letras.

Meta

Encarar a forma e o conteúdo como maleáveis; pensar além dos próprios preconceitos para ativar o espaço e o significado; vivenciar as idas e voltas de um processo criativo fluído.

← La Laiterie Events Poster
Aluna: Hillary Jordan

Eu criei esse pôster para os eventos da La Laiterie, um bistrô de queijos e vinhos local que oferece aulas sobre comidas finas e genuínas. Eu fotografei o queijo de maneira crua para representar o lema "genuíno" da loja, e então sobrepus uma trama de letras que diziam "aulas e eventos". A camada superior é composta de placas brancas espalhadas, fazendo alusão às placas típicas de delis e blocos de calendário. A letra vermelha grande é feita à mão, já que a comida do bistrô é feita manualmente. Sua intenção é contrastar com a fonte sem serifa técnica nos blocos brancos.

← Tim Davis Poster
Aluno: Sam Gray

As colagens que inspiraram esse pôster tratavam menos de qualidades puramente formais e mais sobre o emparelhamento de imagens com texto (principalmente legendas) em meio impresso e na web. Um pôster – uma forma pública de informação por si só – feito simplesmente como uma compilação de outras formas de publicidade, sobre um assunto em particular, representava um viés que eu não tinha visto antes. Um observador pode se interessar pelo conteúdo do pôster apenas pelo fato de que seu assunto (nesse caso, o fotógrafo Tim Dais) está sendo tema de conversas e publicações em outros lugares. As fotografias de Davis pareciam adequadas, dada sua estética "de canto de olho".

← French Film Poster
Aluno: Greg Romano

Esse pôster foi criado para promover um festival de filmes franceses que acontecia na época em um cinema local. O pôster exibe os nomes dos filmes, em inglês e em francês, assim como seus horários de exibição. A composição para essa peça é inspirada diretamente na colagem veloz feita no primeiro estágio dessa tarefa. A peça final contém sobras da colagem, como o tratamento da tipografia e gestos gerais. As películas de filme foram representadas pelas barras pretas grandes para criar um gesto cinemático monumental. O papel vegetal foi escaneado para criar os gradientes que eu gostaria que fizessem alusão às telas de cinema. As cores vieram da bandeira francesa. O processo todo foi um movimento fluído de simplificar e abstrair as ideias iniciais encontradas na colagem.

↑ Aluna: Alexandra Mooney

↑ Aluno: Jay Biethan

↑ Aluna: Mary-Jo Valentino

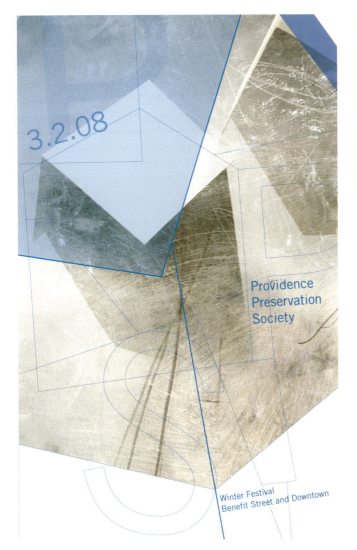

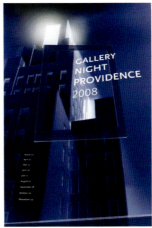

↑ Providence Preservation Society of Rhode Island Poster

Aluno: Seth Clark

Todo o mês de março, a comunidade é convidada a fazer um passeio a pé pelos prédios históricos de Providence. Minha vontade era associar a sensação da temporada com o significado histórico dos prédios no passeio. Fiz uma colagem, trouxe aspectos dessa técnica para a terceira dimensão e, por meio de processos digitais e fotográficos, criei minha solução final.

↑ Gallery Night Providence Poster

Aluna: Jennifer West

O que foi diferente nesse projeto é que tínhamos que encontrar o tópico de nosso pôster no âmago da colagem. Para mim, a colagem lembrava muitos meios diferentes – marcas de caneta, caligrafia, tinta, carvão e fotografia contidos dentro de uma coleção de formas que pareciam molduras. Decidi fazer com que o tópico da minha colagem fosse uma galeria. A partir daí, pesquisei as datas de abertura de exposições em galerias ao redor de Providence e descobri o Gallery Night Providence, um evento que ocorre em várias galerias da cidade e que incorpora todos os tipos de obras de arte. Para o pôster, quis enfatizar a cidade de Providence como local onde se encontram muitas galerias, em vez de destacar o trabalho de qualquer artista em particular. Para criá-lo, repliquei o que eu considerei ser o prédio mais reconhecível do horizonte de Providence, construindo-o com caixas típicas de museu para que o espaço negativo da galeria fosse refletido. Incorporei as molduras para fazer referência à colagem e para que ele transmitisse a sensação de galeria.

Projeto de pesquisa

Instituto Real de Tecnologia de Melbourne, The Works, Design de Comunicação

MELBOURNE, VICTORIA, AUSTRÁLIA

Matéria: pesquisa em design gráfico (avançado)
Nível: 4º ano
Docente responsável: Russel Kerr
Duração do trabalho: um semestre

ENUNCIADO

O objetivo do projeto de pesquisa é explorar um tópico de interesse e apresentar uma opinião bem informada para uma audiência de colegas. Os alunos devem apresentar essa pesquisa sob a forma de uma tese de 3 a 5 mil palavras que também será colocada num *blog*. Abaixo estão as etapas do trabalho:

1. Formular um plano: mapeie uma série de marcos e objetivos e defina o tempo que será gasto com cada um.
2. Iniciar o trabalho: mantenha a documentação escrita e visual conforme o trabalho evolui e publique-a no *blog* regularmente. Peça à audiência para fazer críticas regulares ao seu projeto. Empenhe-se em criar um resultado individual único. Avalie seu progresso regularmente para certificar-se de que o projeto está alinhado com o plano do trabalho.
3. Apresentar o trabalho: os alunos devem se preparar para expor sua pesquisa em uma mostra no final do ano, usando um formato que seja acessível a um público leigo, sob forma escrita e visual.

META

O componente de pesquisa do quarto ano do programa avançado é uma introdução à pesquisa de design da pós-graduação. Para essa tarefa são utilizadas teorias contemporâneas sobre o papel da pesquisa em design, de forma a incentivar o pensamento crítico e o diálogo.

↑ Packaging Sound
Aluno: Lee Arkapaw

A música nos é apresentada já no útero da mãe com a batida do coração dela. Esse ritmo logo é acompanhado pelo aspecto visual quando entramos no mundo. Desse ponto em diante, som e imagem são entrelaçados. Um consegue existir sem o outro? Minha pesquisa sobre a importância de se representar visualmente o som me levou a criar meu próprio videoclipe sobre como a música cria a ordem.

→ Monstrosity
Aluno: Beck Haskins

Eu descobri uma correlação entre design, loucura e genialidade que batizei de Trindade Madesignius. *Monstrosity* é uma exibição despudorada da loucura *nonsense* que pretende transformar a ideia da loucura em uma leitura deliciosa, em vez de taxá-la como uma característica socialmente monstruosa de se encontrar em si mesmo. Essas características se materializam em quarenta partes macias da vida de alguém, prontas para serem abraçadas.

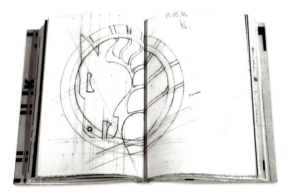

↑ Karasel
Aluno: David Czech

O design gráfico efêmero para a impressão sempre inspirou e influenciou meu olhar sobre a comunicação visual. *Karasel* é a manifestação visual dos materiais impressos e do conceito de design.

Coragem audaz

School of the Art Institute of Chicago

CHICAGO, ILLINOIS, EUA

Matéria: tipografia avançada
Docente responsável: Don Pollack
Nível: último ano ou pós-graduação
Duração do trabalho: um semestre

ENUNCIADO

Ao assumir o papel de curador, o aluno deve reunir e criar uma série de artefatos históricos. As eras são predeterminadas e podem variar entre o século XVIII e XX. Em seguida, o aluno deve desenvolver uma narrativa que apresente resumidamente um protagonista central em uma história. O personagem ganhará vida por meio da prosa e pelos indícios deixados com a documentação, o que inclui diários, programas de teatro, artefatos pessoais, fotografias, estudos, mapas, cartas e convites. Quando os artefatos iniciais ficarem completos, todos esses elementos e documentos serão diagramados em um livro feito à mão, com 22 páginas e de capa dura. Nesse livro deve se utilizar adequadamente a narrativa escrita, tornando a história do personagem consistente. Contar essa ficção histórica levanta questionamentos sobre o poder e a responsabilidade do designer para com a informação. O aluno deve assumir três identidades nesse trabalho: herói, curador e designer.

META

Esse romance de várias dimensões também funciona com um portfólio que exibe todos os princípios básicos do design. Inspirando-se em pinturas da Renascença, os alunos criarão uma série de cópias ou estudos-mestre. Ao explorar o design histórico pela recriação de artefatos de época (chegando até a aparência envelhecida), a turma terá de lidar com a estética e a relação entre tecnologia e cultura. O propósito principal desse curso é estudar a tipografia e a história do design em relação ao tempo presente. A tipografia é um fenômeno de nossa linguagem influenciado por perspectivas culturais – isso determina os métodos de comunicação visual e sistemas de escrita. Em última instância, a influência do design como uma mídia moderna é revelada como uma ferramenta poderosa de influência sobre a cultura e a sociedade.

← **Undaunted Courage**, *The American Frontier*
Aluna: Salome McCaskill

O meu projeto foi sobre um tipógrafo ficcional do século XIX que viveu no território das Montanhas Rochosas na região oeste dos Estados Unidos. Os designs de artefatos foram construções originais baseadas em pôsteres, papéis timbrados e recibos de 130 anos de coleções especiais da Biblioteca Pública de Chicago. Todas as paisagens no livro são fotografias originais que eu tirei em locações no estado do Colorado. Esse trabalho foi uma desculpa perfeita para que eu explorasse mais a fundo as tradições da composição de tipos e impressão tipográfica.

↑ Undaunted Courage,
Jorge Luis Borges's *Garden of Forking Paths*

Aluno: Mark Addison Smith

Eu fiz uma nova versão visual de uma história de Jorge Luis Borges, *O Jardim dos caminhos que se bifurcam*, como uma maneira de entender a estrutura narrativa, o desenvolvimento de personagem, o tom e as nuances tipográficas enraizadas dentro do contexto histórico da Primeira Guerra Mundial. O processo começou com uma leitura crítica e uma interpretação em colagem do texto de Borges, que se passa na véspera da Batalha de Somme, quando um agente do império alemão assassina um sinólogo famoso para comunicar o nome de uma cidade prestes a ser atacada. Uma análise visual e tipográfica da história resultou em "pistas" tangíveis feitas à mão, entre elas fotografias envelhecidas, passaportes, certificados de cursos, horários de trens e jornais do início do século XX, que se tornariam exemplos visuais que acompanhariam o texto final. O livro completo foi encadernado em capa dura, parte conto e parte catálogo dos artefatos.

Sentido horário, do topo

The London Times, Late War Edition, 13 de novembro de 1916 (2007), 49 cm x 35,5 cm

Passaporte do Dr. Yu Tsun, 1914 (2007), Fotografia do Capitão Richard Madden, Londres, 1915 (2007)

Fotografia da entrada da casa do Dr. Stephen Albert

Livro feito à mão, *The Garden of Forking Paths*, por Jorge Luis Borges, 21 por 13,5 cm

← **Undaunted Courage,**
The Secret Life of 008

Aluno: K. J. Kim

Eu criei o design e escrevi sobre um oficial de inteligência fictício que trabalhava durante a Guerra Fria nos anos 1970. O trabalho foi baseado na autobiografia de Markus Wolf, o chefe de segurança da Alemanha Oriental, e sua identidade falsa como uma atriz de teatro. Para fazer o design do meu livro no formato de um roteiro de teatro, criei folhetos impressos, designs de época com códigos criptografados e mensagens entre agentes fictícios.

← Undaunted Courage, *The Secret Life of 008*
Aluno: Christian Eggengerger

Esse projeto teve origem durante o meu semestre de intercâmbio na School of the Art Institute of Chicago. Eu vim da Suíça, e essa foi minha vivência escolar mais memorável na cidade. O trabalho tomou um rumo diverso de concepção e construção daquele que eu havia experienciado anteriormente. No final, foi incrível reunir todos os artefatos preparados em um livro feito à mão sobre um espião da Guerra Fria. Eu desenvolvi o seu *layout* com quatro histórias paralelas contadas simultaneamente.

↑ Undaunted Courage, The American Frontier—In-Between
Aluna: Yifen Liu

Esse livro foi escrito em chinês e inglês sobre uma imigrante chamada Mei Lin. A história começa com o deflagrar da Guerra Civil Americana em 1861. Eu estudei documentos históricos do final do século XIX dos Estados Unidos e da China. Meu objetivo era encontrar uma conexão pessoal entre as vidas dos primeiros imigrantes chineses na América do Norte e analisar a questão da diáspora cultural, assim como de gênero e identidade em um mundo cada vez mais globalizado, do final do século XIX. Sendo uma aluna estrangeira proveniente de Taiwan, pude me conectar com o tema da identidade ao criar o personagem de uma imigrante fictícia. Consegui fazer uma relação com minha própria história, a de sair de Taiwan e ter de me ajustar a uma nova terra. Minha meta era explorar essas temáticas por meio da vida de uma mulher chinesa em uma época e lugar específicos. Esse trabalho de pesquisa em particular trouxe uma nova luz sobre o poder único do design, pois tem a capacidade de ajudar os outros ao dar-lhes voz para tratarem das principais questões de uma sociedade. Ao explorar a metodologia desse trabalho, pude encarar essa tarefa como uma maneira de investigar o papel da China na evolução do histórico complexo de Taiwan.

Desenvolvimento de famílias tipográficas para revistas
Centro Universitário Senac – Santo Amaro

São Paulo, Brasil

Matéria: projeto – design e comunicação visual
Nível: 2º semestre
Docente responsável: Priscila Lena Farias, Delfim Cesário Jr. e José Alves Oliveira
Duração do trabalho: oito semanas

Enunciado

Após os professores selecionarem até cinco revistas nacionais de diferentes assuntos (esportes, infantil, música, etc.), os alunos são divididos em grupos de oito a dez e cada um deles recebe um exemplar. As equipes devem analisar a tipografia adotada pela revista que receberam e propor novas famílias tipográficas a serem adotadas em partes específicas e nas seções, por exemplo, títulos de seção, títulos de matérias, tabelas, texto, legendas. As equipes menores serão formadas de acordo com a proposta geral do grupo. Cada aluno da equipe deve ficar responsável por um estilo (por exemplo, redondo, itálico, negrito) de uma família tipográfica sob a responsabilidade da equipe (por exemplo, uma fonte para texto corrido). A apresentação do trabalho final deverá incluir designs de páginas duplas (seguindo o grid, texto e imagens da revista original), demonstrando o uso conjunto de todas as fontes desenvolvidas pelo grupo.

Meta

Desenvolver fontes que não são apenas originais, mas também funcionais técnica e esteticamente, e coerentes com os aspectos editoriais de uma dada revista. Essas fontes devem funcionar de forma efetiva considerando o contexto de uma família tipográfica, e todas elas devem funcionar bem ao serem aplicadas em páginas duplas de revista.

Entrega

Desenvolver famílias tipográficas digitais.

↑ **Caramella Italic**
Aluno: Leandro Quaresma

↑ Rinozeronta Bold
Aluna: Jasmina Droz

Rinozeronta foi desenvolvida como uma fonte de texto para a seção "Entrevistão" para a *Revista MTV*. Ela tem uma silhueta quadrada que combina com uma curva mais orgânica. O resultado final não é favorável para textos longos e parece ser mais apropriado para títulos. A fonte está sendo utilizada para aplicações acadêmicas e pessoais.

↑ Rinozeronta Regular
Aluna: Caroline Ohashi
Rinozeronta Italic criada por Frederico Zarnauskas

← Caramella Regular
Aluno: Rômulo Castilho de Freitas

Caramella é uma fonte de texto para a edição brasileira da revista *Scientific American*. O desafio era desenvolver uma fonte para texto corrido para uma revista famosa dentro e fora do Brasil. A proposta é uma fonte serifada leve, moderna, elegante e econômica. Em comparação com a fonte atualmente utilizada pela revista, a Caramella economiza entre 10 e 20% da área de texto. A fonte é distribuída gratuitamente pelo website dafont.com e já teve mais de 70 mil *downloads* desde novembro de 2006.

↑ Vazari Sans Regular

Aluna: Marcela C. Santaella Mamede

Vazari Sans Bold criada por Irina Serrano

OS TRABALHOS · 147

zebras caolhas de java querem mandar fax para moça gigante de new york.

zebras caolhas de java querem mandar fax para moça gigante de new york.

zebras caolhas de java querem mandar fax para moça gigante de new york.

↑ **Vazari Sans Italic**

Aluno: Felipe Zveibil Fisman

Vazari foi desenvolvida como uma fonte *display* para ser utilizada nos títulos de matérias na revista *Quatro Rodas*, publicação brasileira sobre carros. Ela tem um estilo masculino e dinâmico e emprega um número reduzido de curvas e linhas inclinadas, que sugerem movimento. As versões em itálico e negrito foram desenvolvidas para o uso em boxes de texto com informações técnicas. As letras na versão itálica têm estruturas tradicionais e terminações prolongadas.

Adondis Regular

zebras caolhas de java
fax para moça gigante

↑ **Adondis Regular**

Aluno: Eduardo Shiota Yasuda

Adondis Italic, criada por Natasha Weissbom; Adondis Bold, criada por Claudia Crescenti; Adondis Bold Italic, criada por Maíra Tonietti

Adondis é uma fonte para texto criada para a revista *Quatro Rodas*. Ela tem a intenção de substituir a fonte serifada que é usada atualmente na publicação, considerada de pouca personalidade.

Adondis Condensada

ABCÇDEFGHIJKLMNOPQRS
TUVWXYZabcçdefghijklmn
opqrstuvwxyz01234567890.
,::-_—@#$%&*"/()«»"!?¿?˜
ÀÁÄÂÃÉÈËÊÌÍÎÒÓÖÔÕÙÚÜÛ
Ñàáäâãéèëêìíîòóöôõùúüûñ

↑ **Adondis Condensed**

Aluna: Clara Piochi

Adondis Condensed é parte de uma família criada para a revista *Quatro Rodas*. A versão condensada tem a intenção de ser utilizada em tabelas de preço publicadas na revista. Por essa razão, seus numerais são alinhados, diferente dos outros estilos dessa família.

↑ **Scientific Dingbats**
Aluno: Bruno Okada

Scientific Dingbats é uma fonte criada para a edição brasileira da revista *Scientific American*. Ela tem um aspecto visual moderno, sério e direto. Alguns dos pictogramas foram criados para identificar as seções da revista e outros têm a intenção de serem utilizados em diagramas e gráficos.

↑ **Rock'n'roll**
Aluno: Ciro da Cunha Jarjura

Rock'n' Roll é uma fonte *display* desenvolvida para a seção "Sub" da *Revista MTV*, sobre bandas de rock novas e independentes. Ela pretende capturar o aspecto cru e primitivo do som e a comunicação visual dessas bandas.

↑ **Ellephont Bold**
Aluna: Daniela Liquieri

Ellephont foi desenvolvida como uma fonte para os títulos da edição brasileira da revista *Elle*. Ela é leve, organizada, limpa e elegante. A Ellephont Light foi criada por Claudia Ikari.

↑ **Emme 13 Regular**
Alunos: Lucas Yasuhiro Momosaki, Juliana Suzuki e Grabriel Rodrigues

Emme 13 é uma fonte para texto corrido para a edição brasileira da revista *Elle*. A Emme 13 Italic foi criada por Gabriel Pereira e a Emme 13 Bold, por Juliana Suzuki.

Tipografia como metáfora

Universidade Estadual de Nova York, Purchase College, Escola de Arte e Design

Purchase, Nova York, EUA

Enunciado
Cada aluno irá pesquisar um assunto de sua escolha. Lidando com um a três textos primários, eles devem desenvolver quatro painéis impressos de quaisquer dimensões que tratem da tipografia como metáfora. O primeiro painel é composto de parágrafos, frases, versos. O segundo, de palavras individuais. O terceiro contém sílabas. O quarto tem letras separadas. Ao empregarem habilidades de pesquisa e escrita, pensamento crítico, mapas mentais e experimentações, os alunos dão forma a conotações metafóricas, descobertas em seu texto por meio de arranjos de composição, sobreposições e manipulações tipográficas. Ao atribuir maior ênfase ao processo de pesquisa e análise textual, os alunos utilizam um viés lateral, experimentando várias possibilidades antes de refinarem as soluções de quatro painéis.

Matéria: tipografia avançada
Nível: 3º ano
Docente responsável: Warren Lehrer e Robin Lynch
Duração do trabalho: quatro semanas

Apesar de trabalhar com a tecnologia, o uso de filtros e outras artimanhas computadorizadas instantâneas é desencorajado, incentivando-se a combinação do trabalho feito à mão com o computador, assim como a ação de se aventurar no mundo físico do assunto escolhido.

Meta
Esse trabalho pode ajudar os alunos de design a perceberem a tipografia como uma imagem, como ponte entre significado e forma, e a irem além de abordagens predeterminadas.

← **Dementia**
Aluno: Hidetoshi Takahashi

A demência é uma doença que afeta o cérebro e a memória, sendo caracterizada pela perda gradual da capacidade cognitiva e dos padrões comportamentais aceitos na sociedade. Esses painéis são um retrato tipo-cinemático do medo, da ansiedade e da tristeza, e particularmente do Alzheimer. O fundo azul-escuro expressa o medo da doença. As letras azuis representam os sintomas – memórias, pensamentos e sentimentos se embaralhando e desaparecendo. As letras em laranja representam a esperança do paciente, brilhante mas que se esvai. O amor e as vozes da família e apoiadores geram uma luz na escuridão de uma máquina bifurcada perdendo sua força. Dia 21 de setembro é o dia mundial do Alzheimer.

← Selacaphobia
Aluna: Chaya Herman

Esses painéis tentam transmitir o terror e a ansiedade que atormentam a mente das pessoas que sofrem de selachofobia – o pavor anormal e persistente a tubarões. O primeiro painel descreve a condição. O segundo utiliza as palavras *tubarão*, *nadador* e *água* para estabelecer o contexto da ansiedade que o nadador vivencia quando teme que um tubarão esteja à espreita sob a superfície da água. O terceiro utiliza a palavra *monstro* para construir a imagem do animal e então as palavras *tortura, agonia, desgraça, destroçar* e *dor* para construir os dentes, representando onde o tormento físico e psicológico acontece e, por último, a palavra *água* (agora tornando-se vermelha) é utilizada para visualizar o ataque à vítima. O quarto usa a letra *S* (de *shark*, tubarão em inglês) para criar a imagem da água sangrenta, mostrando tudo que resta da vítima depois que o tubarão atacou.

↑ Battery Cages
Aluno: Brandon Campbell

O texto do painel 1 descreve as condições arrepiantes das fazendas de ovos. As letras estão empilhadas e estreitadas, representando a natureza claustrofóbica das gaiolas das galinhas. No painel 2, um *K "debeaked"* (sem bico) ilustra o processo da remoção dos bicos desses animais nas fazendas industriais. Utilizando apenas sílabas no painel 3, as formas das letras são mutiladas ainda mais e apinhadas em um espaço exíguo. O sufixo "ing" ("ando", em inglês) é repetido, representando um fluxo contínuo de ovos abaixo das galinhas engaioladas. O painel quatro se afasta, revelando um cemitério de estruturas de letras deformadas. As formas moribundas estão jogadas sobre pilhas de seus próprios produtos, da mesma maneira que uma galinha se assenta sobre seu ninho.

OS TRABALHOS | 151

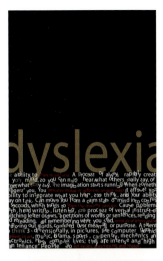

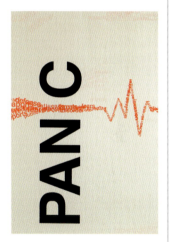

↑ **Dyslexia**
Aluna: Marianna Capomolla

↑ **Mass Hysteria**
Aluna: Cortney Rozell

A dislexia é uma condição muito mais complexa do que a noção estereotipada de que a pessoa lê as palavras de trás pra frente. Em meus painéis, quis retratar a emoção, assim como o processo de aprendizado, com que uma pessoa com dislexia tem de lidar cotidianamente. No painel 1, partes das palavras se destacam, são rotacionadas e se separam, retratando como uma pessoa com dislexia lê. O painel 2 denota como a linguagem é capaz de bombardear os sentidos, causando confusão. No painel 3, as letras individuais e partes de palavras permanecem silenciosas. No último painel, tentei transmitir a solidão de sentir que algo está errado com você, e posteriormente sentir confiança e orgulho de saber que tantos outros já conseguiram se sair bem e prosperaram com a mesma deficiência de aprendizado.

Em meus painéis precisava transmitir a sensação de pânico e medo. Tentei retratar a maneira como esses sentimentos se espalham, crescem e se tornam algo parecido com uma infecção. O esquema de cores era muito importante, já que era preciso evocar uma sensação de desconforto, sem afastar as pessoas. Optei por manter cores simples, remanescentes dos antigos pôsteres de propaganda da Segunda Guerra Mundial.

Cavalo-vapor

School of Visual Arts

Nova York, EUA

Matéria: design em três dimensões
Nível: 3º e 4º anos
Docente responsável: Kevin O'Callaghan
Duração do trabalho: três semanas

Enunciado

Imagine se o mundo ficasse sem petróleo e fôssemos forçados a voltar ao início e reutilizar os veículos puxados por cavalo. Catorze carruagens e trenós antigos foram encontrados em celeiros e campos, e transportados para uma oficina para que os alunos trabalhassem com eles. Os veículos, todos restaurados, foram entregues aleatoriamente para os alunos, a fim de que os transformassem em veículos funcionais contemporâneos.

Meta

Realizar uma mostra que crie uma alternativa satírica para a crise do petróleo de hoje em dia.

Entrega

A mostra itinerante já foi exibida em três locais em menos de um ano, inclusive um museu afiliado ao Smithsonian, e já foi citada em várias publicações nacionais. Ela continuará a crescer e viajar conforme novas peças forem criadas e se mais locais demonstrarem interesse. A exposição declara, "Imagine um mundo sem o petróleo como fonte de energia!". Bem, antes do século XX, o mundo dependia de outra fonte de energia, o cavalo. As avenidas de Nova York e as ruas principais de toda a América do Norte já foram apinhadas de veículos puxados por cavalos. Os alunos da School of Visual Arts reinventaram esses veículos para dar conta do mundo carente de energia de hoje em dia.

↑ **Hot Rod Sleigh**
Professor: Kevin O'Callaghan
Fotografia por MYKO

Esse foi o ponto de partida original para essa mostra.

↑ New York City Taxi Wagon
Aluna: Sofia Limpontoudi
Fotografia por Laura Yeffeth

Eu queria recriar o táxi icônico da cidade de Nova York como um veículo puxado por um cavalo.

← Bobbleman's Sales Carriage
Aluno: Chris Dimino
Fotografia por Laura Yeffeth

Esse veículo de um vendedor itinerante vende bonequinhos de CEOs anteriores das principais companhias petrolíferas.

↑ **Coffee Cart**

Aluno: Alexis Shields

Fotografia: Laura Yuffeth

Eu transformei um trenó quebrado em um moderno carro de café e *bagels* da cidade de Nova York.

↑ **Ice Cream Wagon**

Alunos: Kaori Sakai e Rafael Vasquez

Fotografia: Laura Yeffeth

Nós queríamos fazer um caminhão de sorvete divertido e dar uma nova vida a esse veículo tão utilitário.

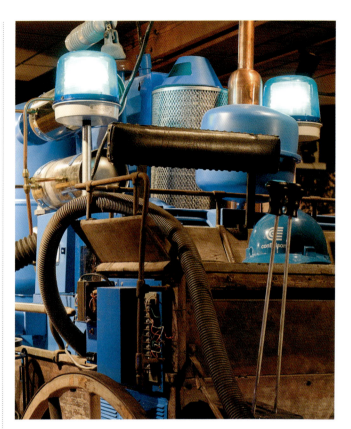

↑ **Con Ed Energy Wagon**

Aluno: Joseph Pastor

Fotografia: Laura Yefffeth

Eu criei um mecanismo moto-contínuo puxado por um cavalo, que produz energia a partir do esterco do animal.

↑ New York City Tourist Wagon
Aluno: Su Hyun Kim
Fotografia: Laura Yeffeth

Eu queria prestar homenagem ao ônibus de turismo da cidade de Nova York, porque entrar nele foi a primeira coisa que eu fiz ao chegar na cidade, quando vim da Coreia. Eu trabalhei com o design do carroção original e fiz adições para criar um ônibus turístico funcional.

↑ Tiki Sleigh
Aluno: Adria Ingegneri
Fotografia: Laura Yeffeth

Eu transformei um trenó médico em um estilo "tiki", sem perder a artesania original do trenó já existente.

↑ FedEx Wagon
Aluna: Sarah Nguyen
Fotografia: Laura Yeffeth

Em nossa cultura, tentamos agilizar qualquer tipo de processo. Se tivéssemos que voltar a fazer entregas com carruagens puxadas a cavalo, os serviços de envio deixariam de ser confiáveis e pontuais; os prazos apertados teriam de ser repensados, as compras de Natal deveriam ser feitas mais cedo e a paciência teria de ser cultivada por todos. A FedEx seria forçada a mudar seu slogan para "o mundo quase em tempo".

← Lucky's Brooklyn Pizza Delivery Carriage
Alunos: Equipe da mostra
Fotografia: Laura Yeffeth

O propósito era restaurar uma linda carruagem para a sua glória inicial, tendo em conta a vantagem do seu espaço interior para se tornar um veículo de entrega de pizza.

O que aconteceu?
School of Visual Arts, MFA Designer as Author

NOVA YORK, EUA

Matéria: explicar a si mesmo
Nível: mestrado
Docente responsável: Scott Stowell
Duração do trabalho: quatro semanas

ENUNCIADO

Essa tarefa combina o design de informação tradicional com um assunto pessoal para explorar: a relação entre quem está falando e quem está escutando – o que, naturalmente, faz parte de todo trabalho de design.

Escolha um período de tempo de sua vida em que você estava envolvido em uma série de eventos. A ideia é a exploração do modo como contar essa história em uma única superfície, e como a informação pessoal pode ser formatada com a utilização de uma linguagem gráfica pública. Tanto o período de tempo escolhido e os eventos que ocorreram nele devem estar evidentes no design.

Utilize apenas tipografia e elementos gráficos, nada de letras decorativas ou ilustrativas, fotografias e ilustrações de qualquer tipo. Trabalhe dentro dessas limitações para criar algo inesperado e que ainda assim comunique os fatos.

META

Examinar a relação entre o narrador e o receptor.

↑ The Blue Period
Aluno: Steven Smith

The blue period (o período azul) é como minha mãe se referia ao meu primeiro ano depois da faculdade, quando me mudei para a cidade de Nova York com dois amigos que logo se tornaram inimigos. Tentei conseguir um emprego digno, não consegui e acalentei meu Holden Caulfield interior. Ao longo de alguns pontos altos e uma miríade de baixos, escrevi extensivamente em um *blog*. Acima, meu temperamento está traçado por meio de palavras negativas, palavras positivas e palavras neutras. Cada uma está em escala de acordo com a frequência com que foi usada em um dado mês. Os comentários do *blog* de amigos e estranhos dão uma dica da rede de apoio que me ajudou a sair do meu oceano de desprezo próprio. Eu batalhei para encontrar um assunto adequado para essa matéria. Apesar de eu ter muitas informações preciosas e detalhadas, não acho que minha solução foi particularmente original e eu não estou satisfeito com o resultado.

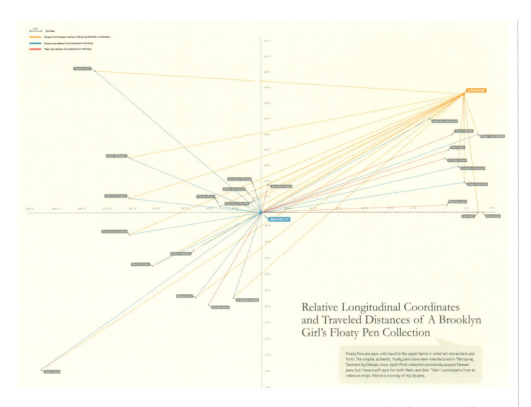

Relative Longitudinal Coordinates and Traveled Distances of A Brooklyn Girl's Floaty Pen Collection

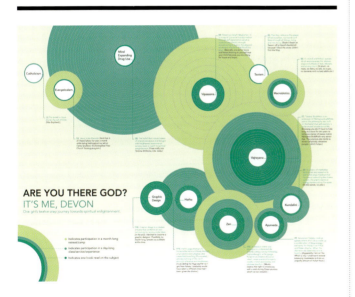

↑ Girl's Floaty Pen Collection
Aluna: Lesley Weiner

As canetas *floaty* têm fluídos coloridos no compartimento superior que se movem para frente e para trás. As originais e autênticas eram fabricadas em Tåstrupvej, na Dinamarca, pela Eskesen, desde 1946. A maior parte dos colecionadores adquirem as *floaty* originais, porém eu sou aficionado tanto por essas como pelos seus equivalentes "falsos", de origem desconhecida. O pôster é uma análise das minhas 25 canetas. No final, esse esquema foi uma aproximação científica para uma coleção totalmente não científica. Fiquei muito satisfeita em como eu extraí dados visuais e algo matemáticos desses objetos queridos.

↑ Are You There God? It's Me, Devon
Aluno: Devon Kinch

A jornada de doze passos de uma garota rumo à iluminação espiritual.

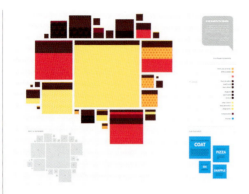

↑ **Dad Wants To Know!**
Aluno: Gustavo Garcia

Em agosto de 2007, me mudei do Brasil para Nova York. Num esforço de manter meus gastos sob controle, meu pai pediu que eu mantivesse um registro de todos os meus gastos por um mês inteiro. Esse gráfico representa meus gastos em novembro de 2007.

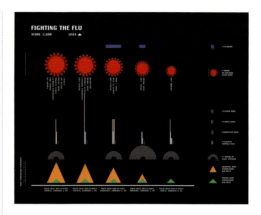

↑ **Fighting the Flu**
Aluno: David Ricart

Durante o período em que recebi essa tarefa, eu peguei gripe. Essa experiência toda me pareceu uma pequena guerra interna, e me lembrou de um jogo muito amado que eu jogava quando era criança: Space Invaders!

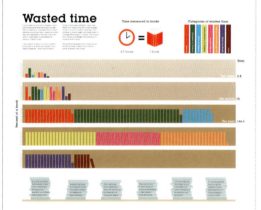

↑ **Wasted Time**
Aluno: Steve Haslip

Eu perco tempo por muitos motivos; compro livros e não consigo encontrar tempo para lê-los. Portanto, decidi que se relacionasse o tempo que desperdiço com uma atividade de que gosto de fazer, poderia compreender mais facilmente a quantidade de tempo que eu jogo fora.

↑ **Tattoo Revelations**
Aluna: Jane Song

Esse trabalho descreve graficamente a revelação de minhas tatuagens para minha família e suas imediatas respostas emocionais. Eu escolhi o tópico porque minha família é conservadora, especialmente quando se trata de tatuagens.

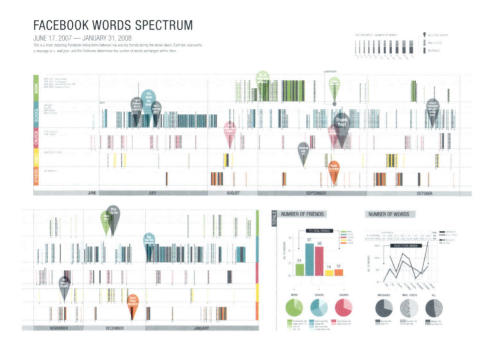

↑ Facebook Words Spectrum
Aluna: Jia Chen

Esse gráfico é uma documentação de mensagens e interações em mural entre mim e meus amigos do Facebook. Cada barra no gráfico representa uma mensagem ou uma postagem no mural, e a espessura determina o número de palavras trocadas. A partir desse gráfico percebi que interajo com meus amigos de escola, no passado e atualmente, mais do que com qualquer outro grupo de amigos.

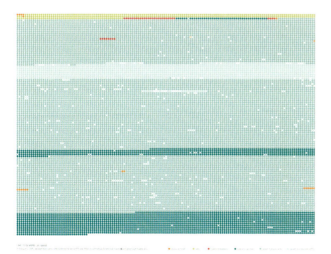

← 1 day: 17,736 words: 341 laughs
Aluna: Kimiyo Nakatsui

No dia 1º de fevereiro de 2007 gravei todos os sons que eu emiti durante um período de 24 horas. Depois de transcrever os arquivos de som e categorizar o tipo de cada palavra e risada, criei a cronologia do meu dia. Cada círculo sólido representa uma palavra, cada círculo vazado representa uma risada e cada cor corresponde a uma categoria de expressão (cantaroladas, falada, risada para estranhos, conhecidos e para mim mesma).

→ Shower Snooze

Aluna: Areej Khan

Sempre tive o hábito de tirar uma soneca depois do meu banho matinal. A experiência me ensinou que a quantidade de tempo que eu passo cochilando afeta como meu cabelo fica quando eu finalmente acordo. Esse gráfico de informações mapeia todos os resultados possíveis e fatores que contribuem para o estado da minha cabeleira.

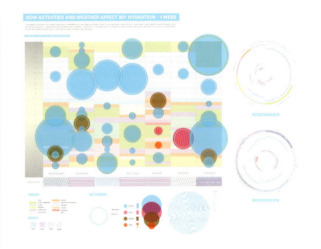

→ How Activities and Weather Affect My Hydration: 1 Week

Aluna: Yaijung Chang

Eu registrei o nível de hidratação do meu corpo durante sete dias para ver como ele é afetado pelas minhas atividades e pelo clima. Bebi água na maior parte das vezes enquanto trabalhava ou quando acordava no meio da noite. Bebi 26 garrafas de água, três xícaras grandes de café, três latas de refrigerante e uma taça de vinho em apenas uma semana.

→ A Peculiar Relationship with Water

Aluno: Jason Bishop

Resolvi conhecer melhor os meus hábitos de hidratação, registrando os tipos e quantidades de líquido que bebo e o efeito que eles têm no meu corpo. Meus esforços revelaram que raramente bebo a quantidade recomendada de água e, devido a essa ingestão baixa, tive um índice de urina muito baixo, e ela era escura.

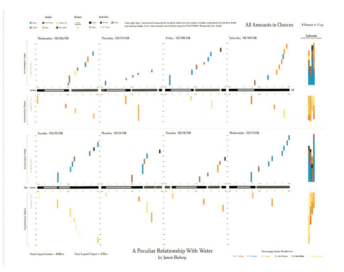

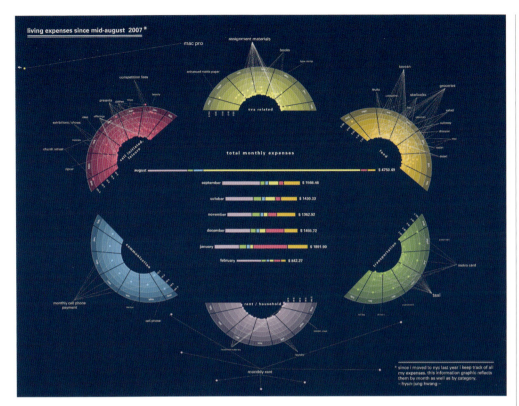

↑ Living Expenses

Aluno: Hyun-Jung Hwang

Desde que me mudei para os Estados Unidos, em 2007, mantive todos os comprovantes e notas que recebi. Esse gráfico de informações reflete os meus gastos por mês e por categoria.

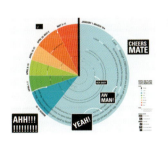

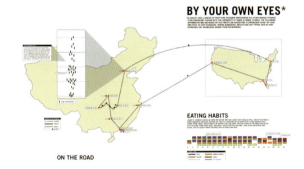

♦ My Study Abroad

Aluna: Kristina Critchlow

Esse gráfico explica minha relação com as pessoas que encontrei durante o tempo que estudei no exterior.

↑ By Your Own Eyes

Aluna: Nicole Marinake

Eu quis ilustrar todas as coisas estranhas que descobri quando folheei o diário que eu mantive durante o tempo que passei na China.

Pense: a credibilidade das informações na era digital
Universidade de Tecnologia de Swinburne, Faculdade de Design

PRAHRAN, VICTORIA, AUSTRÁLIA

Matéria: estúdio de pesquisa de design – design voltado ao usuário
Nível: graduação de design avançado
Docente responsável: Nick Wragg e Keith Robertson
Duração do trabalho: um semestre

ENUNCIADO

O design voltado ao usuário inverte o modelo mestre-aprendiz e conceitua que, se um design não funciona para o usuário, ele não tem valor comunicativo. Selecionamos nossas quatro áreas de pesquisa principais, as quais os alunos terão de investigar a partir do ponto de vista de um gênero. Tais áreas são: sexo seguro, drogas, trabalho e corporativismo. A pesquisa deve começar sob a perspectiva de um só gênero, mas pode incorporar ambos os gêneros, quando aplicada para um projeto específico. O semestre todo será conduzido em ciclos de comunicação integrada e design de multimeios. O enunciado evolui com o passar do semestre por meio de uma série de estágios:

- Estágio de pesquisa (20%): os alunos serão alocados em grupos e receberão um tópico genérico para pesquisarem e desenvolverem como pôster, a ser apresentado para a turma na semana três.
- Proposta/perfil de usuário e fase de pesquisa (30%): depois da semana três, os grupos serão refeitos e explorarão seus tópicos de pesquisa utilizando pelo menos três dos seguintes métodos: resenha literária; coleta estatística; observação; grupos de discussão; questionários; análise visual; entrevistas. Essas descobertas serão resumidas e utilizadas como argumento para apoiar a redação de uma proposta para cada grupo.
- Estágio de produção e teste com usuário (50%): aplicação do conhecimento e pesquisa para produzir uma campanha multifacetada que trate de qualquer aspecto especial ou questão isolada de um tópico. Os testes com o usuário ocorrerão na semana dez, para que possam ser feitas modificações antes da apresentação, na semana doze. Cada grupo também irá expor um diário do processo de equipe, documentando a trajetória percorrida durante os vários estágios desse projeto.

META

Quando terminarem o projeto, os alunos compreenderão melhor a filosofia fundamental e os princípios do design voltado ao usuário. Eles serão capazes de fazer alusões à literatura ou a conteúdos de design e construir um perfil de usuário a partir dos resultados da pesquisa, observações e grupos de discussão, por meio da vivência que guiará o desenrolar da proposta. Considerando questões como estética, legibilidade e usabilidade, os alunos desenvolverão métodos para testar e avaliar processos e entregas e empregarão os métodos de pesquisa para constatar as necessidades do usuário. Finalmente, poderão aplicar alguns princípios de design de informação em um produto prático, em meio apropriado ao problema de pesquisa.

ENTREGA

A tecnologia alterou a natureza do padrão de comunicação e a busca pela informação. Vivemos na era dos *blogs*, *wikis*, redes sociais, *podcasts*, fóruns, *e-mail*. A base para esse projeto, feito como parte de uma matéria de pesquisa em nível avançado com ênfase em design voltado para o usuário, é a pergunta: Estamos realmente mais informados? Essa questão se concentra na relação entre a vasta quantidade de informação disponível e o nível de informação que temos. Outra pergunta também surge: Como determinamos o que é fato e o que é ficção, certo ou errado, bom ou mal, alto ou baixo? Em um ambiente *on-line* em que a informação é apresentada sem restrições, a convergência dos gêneros de informação pode dificultar saber o que considerar fato ou ficção. Esse trabalho foi uma oportunidade única de se examinar como essa era da informação beneficia ou sabota a sociedade. Com o desenvolvimento de um *blog on-line* e uma série de pôsteres, anúncios, adesivos e cartões-postais, tentamos gerar reflexão e diálogo ao aluno sobre a credibilidade da informação *on-line* e, por sua vez, oferecer um conjunto de habilidades para se conseguir um nível maior de processamento de informações. O objetivo é fazer as pessoas refletirem sobre a informação que é apresentada a elas para que fiquem mais bem informadas.

Think

Alunas: Meg Phillips, Mary Nelson-Parker e Emma Woods

Foram colocados alguns pôsteres em posições estratégicas, ao redor de computadores e setores de tecnologia em universidades e bibliotecas, instruindo como e onde escrever em um *blog*. O objetivo desse trabalho é fazer com que as pessoas considerem e questionem qualquer material informativo que se apresente a elas, criando-se uma consciência e um padrão de pensamento ao processarmos informações. Um *blog* foi desenvolvido como parte central do projeto para que promovesse um discurso de credibilidade de informação *on-line*. O *blog* representa o núcleo de nosso projeto, o espaço em que o diálogo que nós desejávamos criar aconteceria. Os *posts* geram a reflexão e desencadeiam as discussões.

Os cartões-postais deixados pelas universidades e bibliotecas agem como lembretes do objetivo do trabalho.

Os anúncios de revista também brincam com a noção de sobrecarga de informação, aparecendo como uma das muitas mídias de nosso ambiente visual.

Ouça com cuidado

Universidade de Tecnologia de Swinburne, Faculdade de Design

PRAHRAN, VICTORIA, AUSTRÁLIA

Matéria: estúdio de pesquisa de design – agência de designers
Nível: graduação de design avançado
Docente responsável: Nicki Wragg, Tony Ward, e Keith Robertson
Duração do trabalho: um semestre

ENUNCIADO
Os alunos investigarão os efeitos de tornar mensagens privadas em públicas e explorarão como a tipografia ambiental pode estabelecer novos canais de comunicação.

META
Ao conduzir pesquisas extensivas, incluindo uma análise literária de teorias culturais e midiáticas e uma série de experimentos visuais concentrados na interpretação de mensagens visuais/tipográficas (privadas e públicas), os alunos coletarão fragmentos de conversas entreouvidas, com a intenção de avaliar interpretações em potencial dessas mensagens. Colocando em questão o papel do designer em controlar a percepção das mensagens, esse trabalho explora a noção do design como um mecanismo de mudança cultural. O projeto pretende examinar como a recontextualização de diálogos entreouvidos em novas formas de mídia altera o significado da mensagem e afeta aqueles que veem/interagem com ela.

ENTREGA
O trabalho foi realizado por meio de uma série de instalações públicas em áreas urbanas da Austrália, baseando-se na reinterpretação e reposicionamento do diálogo entreouvido. A continuação do projeto sob a forma de um *blog*, http://www.listencarefully.net, convida para uma maior interpretação de mensagens, permite que se comente o projeto e oferece uma oportunidade para discussão contínua.

Listen Carefully
Alunos: Daniel Peterson, Samantha Austen e Meg Phillips

Essa instalação trata das diferentes formas de mídia existentes, ao capturar uma mensagem privada e colocá-la a público. O recorte estêncil revela camadas de textura, cor e tom, e convida os espectadores a apreciarem mais de perto a obra. Ele reflete a densidade da comunicação visual em nosso ambiente urbano e a multiplicidade de significados inerentes a ela.

Essa instalação traz como foco uma conversa intrínseca. Feita de forma manual e pessoal, esse meio e contexto cria uma sensação de voyeurismo – como se você tivesse acabado de entreouvir algo muito privado.

Adjacente a um estacionamento e cercada por prédios de aproximadamente seis andares, essa locação recebe tráfego pesado regularmente. Essa mensagem torna-se visível para aqueles que estão no térreo e também na área ao redor, fazendo referência à sinalização na rua e desafiando o público a questionar a natureza regulatória de nossos itinerários diários.

Para confundir as expectativas em um ambiente de mídia que se altera rapidamente, optamos por retornar ao tradicional. É uma brincadeira com mídias visuais preexistentes em uma locação muitas vezes classificada como um espaço de artistas. A mensagem está emoldurada, o que oferece significados alternativos e deixa em aberto se a mensagem é arte ou não. O posicionamento dessa afirmação também questiona o significado de "ler", transpondo-a do contexto literário ao visual.

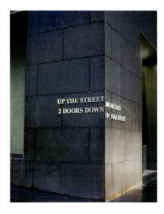

A nota escrita à mão, aparentemente rasgada e descartada de um diário, remete às mídias descartáveis. A natureza transicional dessa mídia funcionando em harmonia com a natureza da mensagem, e ao mesmo tempo chamando atenção para o desespero aparente da pergunta, adiciona um nível de emoções ausente no material de pesquisa.

Ao colocar essa mensagem em uma viela escura cheia de latas de lixo estufadas, essa mensagem não exprime nada, comunicando uma sensação de inutilidade e fazendo referência à natureza muitas vezes vazia das mídias visuais.

Melbourne é uma cidade de ruelas e locais escondidos, então instruções de caminho são muitas vezes parte dos diálogos entreouvidos. A recontextualização de instruções comumente ouvidas em uma mídia oficial coloca em questão se a mensagem está comunicando um destino ou se dá uma instrução.

Música interativa ou *website* de música
Universidade Temple, Tyler School of Art

FILADÉLFIA, PENSILVÂNIA, EUA

Nome da matéria: design interativo sênior
Nível: 4º ano
Docente responsável: Dermot MacCormack
Duração do trabalho: um semestre

ENUNCIADO
Crie um *website* interativo de música *on-line* dedicado a um único artista ou a um gênero musical de sua escolha. O conteúdo será definido por você, mas recomenda-se que manter a área de interesse. Seu trabalho deve explorar o objeto de forma informativa e didática, exibindo *links* sobre a história, datas de apresentações, informação de contato, etc., assim como *links* para as músicas.

META
O *website* deve integrar os conceitos iniciais por meio da convergência de imagens, tipografia, movimento, som, e, mais importante, narrativa. O tempo durante esse semestre será gasto entre aprender como fazer design, planejar em um meio interativo e aprender e expandir o conhecimento do *software* Flash e After Effects. O aluno deve se colocar no mundo do seu usuário-alvo e considerar questões como navegação, interatividade e narração em meio digital. O foco tecnológico primário será nos métodos avançados de se programar em ActionScript, com algo adicional de After Effects para o componente em vídeo. Em cada caso, o conteúdo pode ser ilustrativo, fotográfico, tipográfico, ou em QuickTime (vídeo), e obviamente conterá áudio para algum tipo de narração. Cada um dos designs deve ser inovador, funcional e permitir que o observador interaja com o seu trabalho. Todos os *sites* devem estar completos.

ENTREGA
Inicialmente, a maioria dos *websites* de música apresentados foram bastante divertidos e exploratórios. Os usuários eram encorajados a interagir e descobrir as camadas de conteúdo. Os projetos posteriores tenderam a descrever uma narrativa mais linear, abordando um único tema, tratando menos da interatividade e mais de como contar uma história ou transmitir as letras e a música de maneira envolvente.

↑ **Voices of Protest**
Aluna: Lena Cardell

Esse *site* relaciona o movimento da contracultura surgido na época da Guerra do Vietnã a aqueles que ocorreram no contexto da guerra do Iraque, pois faz comparações entre as músicas de protesto de cada década. Eu escolhi canções que tocavam em três temas diferentes: patriotismo, guerra e protesto, e combinei esses temas com fotografias. Meu objetivo era informar o usuário dos paralelos entre os dois períodos históricos, oferecendo um contexto visual, textual e aural.

← Sun Records Legacy
Aluno: Al Duca

O *website* oferece uma história extensa desse selo, desde seu fundador conhecido, Sam Phillips, e os jovens talentos mais famosos que de lá saíram, como Elvis Presley e Jerry Lee Lewis, aos artistas menos famosos e fatos desconhecidos. As 35 gravações originais da Sun e uma sensação nostálgica refletem o contexto áspero desses primeiros movimentos musicais e encapsulam a estatura icônica desse selo tão poderoso.

→ A Boy Named Sue
Aluno: Nick Mucilli

Ao ouvir o conto "*A Boy Named Sue*", musicado por Johnny Cash, pode-se imaginar que estamos folheando um álbum de fotos e conforme a música toca é possível ver os eventos acontecerem.

↑ Alice
Aluna: Bomina Kim

Eu criei um CD-ROM interativo com base em um álbum do cantor Tom Waits, chamado *Alice*. O álbum contém a maior parte das canções escritas para a peça *Alice*, baseada em *Alice no País das Maravilhas*, de Lewis Carroll. Tentei capturar o espírito das letras e músicas bizarras e sonhadoras de Waits em meu trabalho ilustrativo.

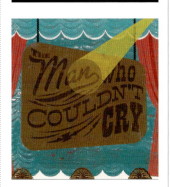

↑ The Man Who Couldn't Cry
Aluno: Scotty Reifsnyder

Essa é uma animação em flash baseada na canção "The Man Who Couldn't Cry" (O homem que não conseguia chorar), de Johnny Cash.

↑ Grunge Music
Aluno: Ronald Cala

Esse *website* funciona como uma apresentação do tipo de música tocado no começo dos anos 1990.

Além da superfície

Royal College of Art

Londres, Reino Unido

Matéria: paixão por impressão – mestrado em design de comunicação
Nível: 1º ano
Docente responsável: Richard Doust

Orientadores: Richard Bonner-Morgan, Russell Warren-Fisher e Jeff Willis
Duração do trabalho: seis semanas

Enunciado

Por meio de pesquisa investigativa e um conhecimento crescente das possibilidades de impressão, você deve propor visualmente sua interpretação do conceito de "além da superfície". Haverá uma necessidade contínua de se considerar como os processos de produção influenciam suas ideias no caminho do trabalho impresso final.

Meta

Unir o potencial da impressão a uma ideia a fim de que os dois se tornem parceiros igualitários, ao mesmo tempo que o conhecimento sobre os processos de impressão se amplia.

← **Lithography Questionnaire**

Aluna: Lottie Crumbleholme

Sempre pretendo criar um trabalho informativo, que provoque reflexões e que tenha algum tipo de impacto positivo. Espero que essa obra ensine aos designers mais sobre o processo de impressão, incentivando-os a pensar sobre suas decisões e as responsabilidades que têm como profissionais.

↑ **Carbon Fingerprint**
Aluna: Kristina Hofmann

Questões ambientais, como o aquecimento global, são muito discutidas, mas raramente levam-se esses problemas a sério, já que suas consequências não são imediatamente visíveis. Andar de avião é um fator importante que torna o mundo mais limitado e instiga a vontade de entrar em contato com novas culturas. Ainda assim, precisamos estar cientes dos impactos negativos desse modo de transporte sobre o meio ambiente. Cada vez que embarcamos, contribuímos para a emissão de gases que provocam o efeito estufa. De acordo com o IPCC (International Panel on Climate Change – Painel Intergovernamental sobre Mudanças Climáticas), o efeito das emissões de aeroplanos sobre o aquecimento é dez vezes maior que o do dióxido de carbono, devido a outros gases produzidos pelos aviões. O pôster desdobrável tenta dar contexto à poluição dos aviões ao fazer referência a ela e a outras atividades humanas. A quantidade de tinta preta cobrindo o papel é relativa à quantidade anual recomendada de dióxido de carbono por pessoa.

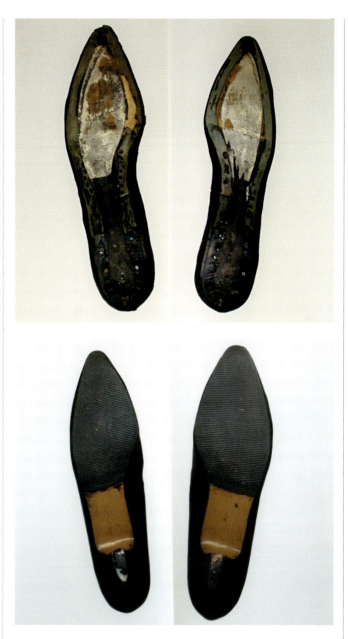

↑ **Documentation of Jane**
Aluno: Alistair Webb

As coisas com as quais interagimos todos os dias tornam-se parte de um processo de documentação por meio da deterioração, que revela a história de relacionamentos, entre as próprias camadas de um objeto, e de materiais que o formam, e as condições, os materiais e os ambientes com que acaba interagindo e de que se torna parte.

↑ The Wrong Metre
Aluno: Christian Drost

A palavra *metro* vem do grego "metron" e sua primeira utilização foi registrada na língua inglesa em 1797. O metro é uma invenção francesa e baseia-se em um centésimo de milésimo da circunferência do planeta. Em junho de 1792, o governo francês montou uma expedição para determinar a distância ao longo do meridiano de Paris que corria de Dunkirk até Barcelona, para extrapolar a distância do resto do globo. Dois cientistas, Jean-Baptiste-Joseph Delambre e Pierre-François-André Méchain foram encarregados dessa tarefa. Méchain mediu a parte sul do meridiano, e Delambre, a parte norte. Eles levaram sete anos para cumprir essa missão.

Pouco antes dos dois cientistas apresentarem seus resultados, Méchain chegou à conclusão de que ele havia feito um erro em seus cálculos. Devido a essa discrepância, o metro, que foi estabelecido em Paris em 1798, tinha 0,2 milímetro a menos do que deveria. Todas as redefinições dele foram concebidas para preservar o valor errôneo original. A descoberta desse deslize foi bastante fundamental para mim, pois teve consequências enormes nas viagens que eu faço. Decidi então mostrar essa discrepância visualmente caminhando pela mesma trilha que os cientistas percorreram há mais de duzentos anos. Cada quilômetro é representado por duas fotografias impressas uma por cima da outra, uma para o quilômetro errado e outra para o quilômetro correto.

A diferença na última fotografia, feita a uma distância de 10 quilômetros do começo da trilha, é de quase 2 metros. As fotografias vão lentamente revelando novas paisagens que são resultado desse erro.

↑ The Wolf and the Seven Little Kids
Aluna: Elizabeth Manus

Contos de fadas como "O lobo e as sete criancinhas", reunidos pelos irmãos Grimm, estão profundamente enraizados na cultura ocidental. Surgiram do subconsciente coletivo, voltados para pessoas de todas as idades e origens. Muitas vezes, os contos de fadas são histórias de morte e sobrevivência. Com a ajuda desse conto, tentei mostrar o que ocorre de verdade na mente das pessoas sob a superfície limpa da conversa fiada, como questões fundamentais podem ser levantadas e como alguns problemas dos nossos tempos podem ser resolvidos.

Comecei contando ou lendo a história para pessoas e então lhes dei um folheto em que se pedia para que conectassem suas vidas atuais com o conto de fadas. A história parecia afetar o leitor/ouvinte. Quase todos os trinta folhetos foram entregues de volta. Escolhi as respostas que combinavam com passagens importantes do conto de fadas e mostrei como pensamentos, desejos, medos e sonhos individuais tomaram forma. Essa é a razão pela qual deixei as respostas e ilustrações escritas à mão ficarem como estavam. Eu as coloquei em papel transparente, o que permitiu que o texto do conto aparecesse por debaixo de uma superfície fugaz.

← Nimrod Silk 130 gsm
Aluno: Povilas Utovka

Ao revelar histórias desconhecidas sobre o papel e destruir o que eu chamo de manifestação do conhecimento descoberto, eu deixei a superfície do papel virtualmente intocada.

← Television Screens
Aluno: Sebastian White

O trabalho começou quando registrei uma observação ao descobrir algo acidentalmente. Ao utilizar uma câmera digital para gravar uma tela de televisão fora do ar, pode-se capturar algo que o olho nu não consegue ver, a mecânica escondida da tela de televisão.

A frequência de *frames* da câmera digital é muito mais rápida em comparação a da tela da televisão fora do ar, e, como resultado, pode-se gravar o canhão de elétrons na tela em um padrão de linhas horizontais. Ao variar a distância entre a câmera e a tela de televisão, padrões e cores inesperados emergem. Esses padrões, causados por frequências de *frames* variados, são conhecidos como *moirés*, em que um efeito ondulado aparece. O padrão do *moiré* geralmente é um efeito indesejado em filmagens e na impressão, mas, nesse trabalho, foi bem-vindo.

The Eye & I
Aluno: Mohammad Namazi

Decidi trabalhar com uma pessoa com deficiência visual, James Ridson, para descobrir como ele enxerga o mundo. Estava ansioso para contrastar a imaginação de quem consegue ver com a de quem não consegue, utilizando desenhos como ferramenta. As maneiras diferentes por meio das quais o olho físico enxerga, em comparação com o olho interior, sempre me intrigaram. O objetivo era explorar a percepção de um deficiente visual sobre os arredores naturais e construídos pelo homem e as imagens mentais que ele forma das questões atuais e notícias que ele escuta. Usei exatamente o mesmo lápis e papel que o James usou. Nenhum de nós dois utilizou qualquer modelo ou foto para nossos desenhos. Tentei me concentrar mais no espírito interior dos sujeitos ao invés da aparência exterior ou forma física – usar o olho interior ao invés do olho exterior físico. Acredito que isso é importante para conseguir uma correlação melhor.

← Alter Ego
Aluna: Verena Hanschke
Créditos adicionais: colaboração com Floriana Gavriel, University of the Arts, Bremen, Alemanha

Um alter ego, "o outro eu", é uma segunda identidade, uma segunda pessoa dentro de uma pessoa. Os dançarinos alemães Anna Walz e Domenik Herrmann revelaram seus alter egos: Domenik trabalha como vendedor de seguros dois ou três dias por semana, e Anna ensina dança. Antes de um torneio para o qual eles ensaiam de quatro a cinco horas por dia ao longo do ano, ambos mudam sua aparência externa dramaticamente. As fotografias representam a transformação profunda e intensa desse casal.

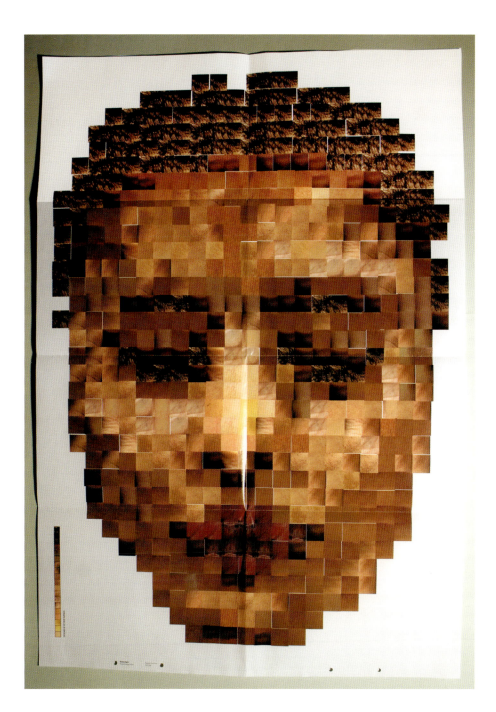

↑ **Skinned**

Aluna: Rasha Kahil

Créditos adicionais: colaboração com Floriana Gavriel, University of the Arts, Bremen, Alemanha

Qual é a minha cor? Minha superfície consiste de várias cores, texturas e tons. Utilizando uma amostra de cada cor minha, pintei meu rosto seguindo os números. Eu sou a soma das minhas partes.

Revista *Pattern*

Universidade de Nova Gales do Sul, Faculdade de Belas Artes

SYDNEY, NOVA GALES DO SUL, AUSTRÁLIA

Matéria: tipografia avançada e design de publicações
Nível: 3º ano
Docente responsável: Ian McArthur
Duração do trabalho: sete semanas

ENUNCIADO

As publicações cada vez mais são direcionadas ao acesso e distribuição *on-line*. Geralmente, uma publicação conta com escritores, editores, designers, editores de imagem, gerentes de projeto, técnicos de pré-impressão, vendedores de publicidade e um diretor de redação. Neste trabalho será preciso que se trabalhe como em um estúdio de design para o desenvolvimento de uma publicação *on-line* acessível via *download*. Cada um de alunos assumirá um papel dentro de um grupo para desenvolver, desenhar e lançar uma publicação *on-line*. A discussão sobre as forças e interesses particulares no design auxiliará na escolha do papel e no desenvolvimento do conjunto de tarefas que os alunos considerarem apropriadas para cada função. O objetivo é fazer com que a publicação esteja pronta para a distribuição *on-line* em sete semanas. O tema do conteúdo da publicação fica por conta da decisão do grupo.

META

Lançar uma publicação acessível via *download* que demonstre convenções tipográficas adequadas para envio e consumo em tela. Deve incluir informação promocional e publicidade em sequência lógica e usar fotografias originais, montagens e ilustrações. A publicação deverá se ater a um formato predefinido, estabelecido pelo grupo todo, ser reproduzida na tela e em meios impressos.

ENTREGA

A revista *Pattern* pode ser baixada neste endereço: http://www.staff.cofa.unsw.edu.au/~ianmcarthur/pattern_magazine/index.html

↑ **Capa da revista *Pattern***
Aluna: Jenny Kong

O grupo escolheu esse design de capa entre uma série de outras propostas porque essa parecia adequada, e não revelava demais do conteúdo visual da revista.

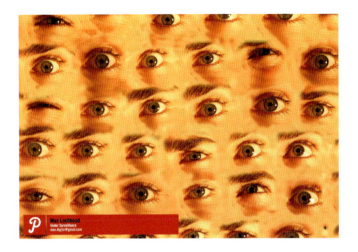

← Under Surveillance

Aluno: Max Lochhead

Eu fotografei meu próprio olho para criar essa peça similar a uma paisagem levemente perturbadora.

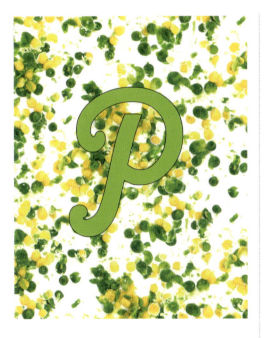

↑ Aluna: Anne Greader

Eu criei este trabalho em minha banheira jogando ervilhas e milhos de cor brilhante dentro da água e então os fotografei. Esta obra demonstra como um padrão pode ser encontrado nos lugares mais inesperados, mesmo em nossa comida. Neste design, o P de revista *Pattern* também é a inicial de "peas" (ervilhas, em inglês), daí a cor verde.

↑ **Ink**

Aluno: Evan Papageorgiou

Eu desenvolvi um sentido aguçado para o design gráfico e sua forma de se relacionar com a percepção humana e com questões de saúde mental. Essa exploração de manchas de tinta do teste de Rorschach sugere uma base primitiva para o teste do psiquiatra.

← Back Cover
Aluno: David Ing

Quando aberto como um PDF, a imagem se espalha por toda a tela em uma sequência de passos aparentemente lógica, reiterando a estrutura do padrão.

↑ Sem título
Aluno: Tim Madden

Seguindo a deixa de um exercício anterior dessa optativa em que os alunos deveriam fotografar tipografias no ambiente urbano, eu apliquei a mesma ideia a esse projeto e cheguei nessa interpretação do tema.

↑ Sem título
Aluno: David Ing

Meu trabalho muitas vezes se caracteriza por uma metodologia iterativa. Nesse caso, experimentei com as ferramentas do Illustrator o desenvolvimento de padrões aparentemente aleatórios que eram, na verdade, muito bem pensados.

↑ Polymorphism
Aluna: Chao Jung Lai

Eu construí essa imagem com uma tipografia gerada a partir de letras de mão que oferecia nove variantes para cada caractere. Quando reunidas em várias combinações, as letras criavam o efeito de ondulações.

OS TRABALHOS | 177

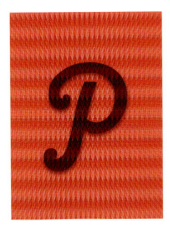

↑ **Sem título**
Aluno: John Holloway

Eu fui responsável pela codificação do *website* da revista *Pattern*.

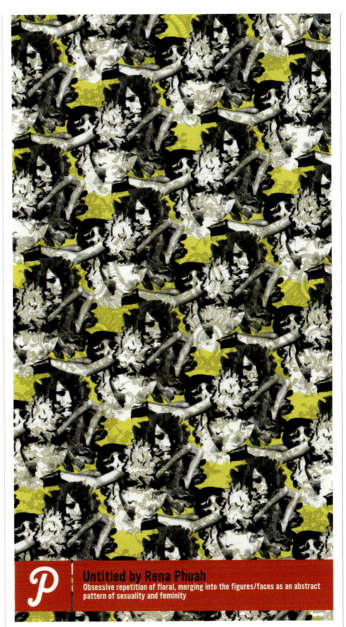

↑ **Sem título**
Aluna: Greta Stevens

Eu tenho um interesse profundo pela linguagem, então criei um modelo das descrições e interpretações do termo "padrão" encontradas em dicionários e tesauros.

↑ **Sem título**
Aluna: Rena Phuah

Este trabalho explora noções de feminilidade e sexualidade por meio do motivo floral – como na maior parte de meu projeto.

Cor e Carnaval

Universidade de Bogotá Jorge Tadeo Lozano

BOGOTÁ, D.C., COLÔMBIA

Matéria: design básico
Nível: 1º ano
Docente responsável: Giovanni Bermúdez Aguirre
Duração do trabalho: seis semanas

ENUNCIADO
Esse trabalho tem por base uma leitura analítica do Carnaval da cidade de Barranquilla (Patrimônio Cultural da Humanidade, segundo a Unesco) a partir do ponto de vista de seu design geral e seus componentes fundamentais. Cada aluno analisa o texto em sua forma, cor, textura, movimento e estrutura, relacionando-se com o design como um elemento fundamental da cultura colombiana popular.

META
Desenvolver cor, forma, estrutura e espaço ao estudar as figuras, máscaras e danças do Carnaval de Barranquilla.

ENTREGA
O exercício resultou no design de uma série de pôsteres que expressavam elementos essenciais de cada aspecto examinado e que, além disso, seguiam as instruções estabelecidas pelo Congresso Internacional de Design Gráfico, estabelecido em Mérida, Venezuela, em novembro de 2004.

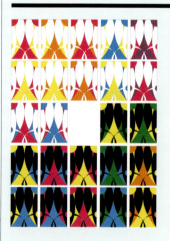

↑ El Rey Momo
Aluno: Alejandro Guerrero

A estrutura demonstra os resultados da análise de texto sobre o Carnaval. Ele é o elemento fundamental a partir do qual diversas possibilidades surgem em termos de forma e cor para esse pôster.

↑ El Congo Grande
Aluna: Luisa Luna

Esse pôster comunica objetivamente por meio de formas dinâmicas e cores primárias (presentes na bandeira colombiana) a magnificência e autenticidade do congo grande – uma das danças mais importantes do Carnaval.

OS TRABALHOS | 179

↑ El Torito
Aluno: Alex Rodriguez

O Torito representa a tradição e força do Carnaval, demonstradas na máscara de cara de touro e no uso das cores da bandeira nacional.

↑ La Marimonda
Aluna: Laura Nieto

A Marimonda é uma personagem conhecida pela gratidão e alegria, elementos que são expressados com cores quentes e complementares.

↑ El Monocuco
Aluna: Diana Mosquera

O Carnaval é um exemplo de alegria e diversão que se expressa pelo movimento e espontaneidade, elementos que o pôster revela em sua palheta de cores quentes e formas curvilíneas definidas.

↑ La Negrita Puloy
Aluna: Estefania Mayolo

Os elementos essenciais da figura da Negrita Puloy estão manifestados nas formas curvas sobrepostas com cores luminosas.

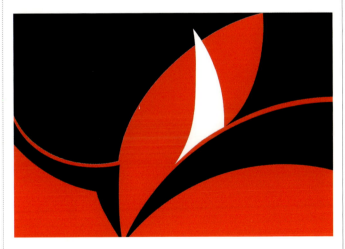

↑ El Descabezado
Aluno: Carlos Mendoza

O Descabezado (o abandonado sem líder) representa a violência vivida na Colômbia por décadas. Assimetria, resistência e nitidez são utilizadas para representar esse personagem mítico do Carnaval.

A capa transparente
Universidade Autônoma Metropolitana, Campus Azcapotzako

CIDADE DO MÉXICO, MÉXICO

Matéria: design de mensagens III
Nível: 2º ano
Docente responsável: Felix Beltran
Duração do trabalho: um mês

ENUNCIADO
Redesenhe a capa do livro popular *El Llano en llamas* (A planície em chamas) de Juan Rulfo, um dos mais renomados escritores mexicanos.

Esse é um livro de contos que lida com as condições da vida rural na época da Revolução Mexicana, destacando os contrastes sociais, a luta pela terra, religião e política. Os alunos devem ler a obra com atenção e avaliar as capas das edições anteriores. As dimensões da capa são 11,5 x 16,5 cm, com impressão em quatro cores. O método para executar o trabalho é dividido em três estágios: definir a necessidade do design, determinar a direção do design, e, então, criar a capa do livro.

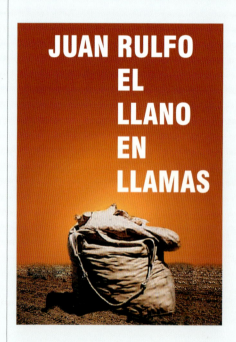

↑ Aluno: Carlos Rivera

A imagem de um saco meio vazio dentro do qual a colheita é depositada é indício da insuficiência da produção de uma terra árida. O brilho está associado de certa forma a uma chama e o texto tem o contraste adequado para a legibilidade.

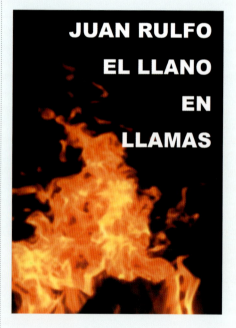

↑ Aluna: Dulce Hernandez

Essa chama é incrível e devastadora, e o texto foi disposto no espaço permitido pela foto. Eu não diminuí o tamanho da letra para o nome do autor porque considero que ele é tão importante quanto o título do livro.

↑ Aluno: Christian Alvarez

Eu queria retratar uma metáfora da história principal do livro e acentuar uma cena dramática dele. As letras pesadas são compatíveis com o resto da cena.

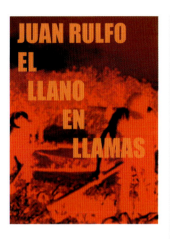

↑ Aluno: Luis Baltazar

Eu optei por uma cena flamejante de trabalhadores rurais para descrever uma situação que continua a existir no México.

↑ Aluna: Liliana Linares

Eu decidi utilizar uma fotografia de um trabalhador em meu trabalho, já que eu considero os camponeses como o assunto principal dessas histórias. Os tons avermelhados evocam o fogo da Revolução Mexicana.

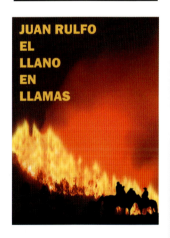

↑ Aluna: Elizabeth Mandujano

Escolhi tornar as labaredas mais evidentes que as de outras propostas. Os camponeses surgindo em um canto aparecem indefesos perante as chamas intensas.

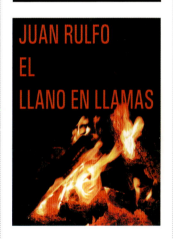

↑ Aluna: Miryam Cervantes

Eu tentei deixar o fundo preto para acentuar as qualidades dramáticas das chamas. A tipografia é condensada; agora acredito que ela poderia ter ficado em negrito.

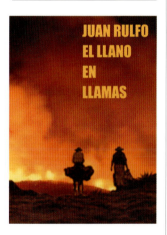

↑ Aluna: Gabriela Maciel

Eu quis sugerir as condições do campo descritas nas histórias usando uma fotografia dos camponeses emergindo da chama.

 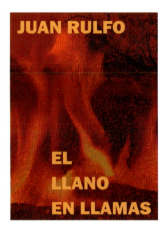 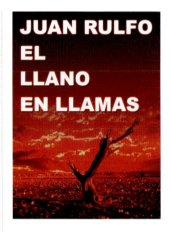

↑ Aluno: Jose Lopez

↑ Aluna: Gilda Garcia

↑ Aluno: Hugo Alvarez

Eu considero que os três principais elementos definidores desse trabalho são: o campo, o camponês, e a labareda. Por essa razão, eu decidi fazer uma colagem desses elementos, para transmitir o conceito pleno do livro.

Eu tentei tornar a chama triste para que ela transmitisse de forma mais consistente as condições em que os camponeses vivem. O nome do autor está no alto para que seja de fácil leitura e o título do livro embaixo para que ele se relacione com a chama que cresce da terra árida.

Para mim, mais que retratar uma chama, era importante que a cena fosse uma metáfora das condições áridas, e até terríveis, do campo mexicano. A tipografia tinha que se destacar para ajudar o público a escolher essa capa diante do mercado de livros extremamente competitivo atualmente.

← Aluna: Janet Jaramillo

Eu tentei evocar uma labareda por meio de cores quentes, pois, de acordo com as avaliações feitas em classe, esse era um dos elementos mais importantes para se pensar no conteúdo do livro. Não utilizei uma fotografia porque acho que seria forte demais. Considero a tipografia integrada com o fundo, mas oferece um contraste adequado para a leitura.

Lendo a paisagem urbana

Universidade do Havaí em Manoa, Programa de Design Gráfico

Honolulu, Havaí, EUA

Enunciado

Os alunos do último ano recebem locais a serem pesquisados na área de Honolulu, abrangendo localidades variadas, como: Chinatown, Manoa (um bairro residencial) e Mapunapuna (um parque industrial). Os alunos devem pesquisar os locais e qualquer tipografia que encontrarem por lá. Eles então criarão dois livros (30 x 40,5 cm, com doze páginas cada um, incluindo a capa), considerando o local tanto como um "lugar" como um "espaço" – como definido pelo teórico literário francês Michel de Certeau na citação abaixo. Os livros devem funcionar juntos, e os alunos são responsáveis pelo conteúdo de texto assim como pelas imagens. Depois de produzidos os livros, os alunos trabalharão juntos para criar um mapa, a ser apresentado em uma exposição de todos os locais reunidos numa pequena galeria de alunos. A noção de mapa deve ser explorada em termos amplos (conceitualmente e fisicamente) assim como as qualidades particulares da exposição e da apresentação. Serão pedidas e discutidas leituras sobre a natureza da apresentação e mapeamento para ajudar os alunos a pensar em várias possibilidades de criação. Os estudantes serão responsáveis pelo desenvolvimento, design e implementação da instalação da galeria.

"Um lugar (*lieu*) é a ordem (de qualquer tipo) de acordo com a qual elementos estão distribuídos em relações de coexistência. Portanto, ele exclui a possibilidade de duas coisas estarem na mesma localização (local). A lei das regras 'adequadas' no lugar: os elementos considerados estão ao lado uns dos outros, cada um situado em seu local 'devido' e distinto, um local definido por ele. Um lugar é, portanto, uma configuração instantânea de posições. Ele implica uma indicação de estabilidade." – Michel de Certeau

"Um espaço existe quando alguém leva em consideração vetores de direção, velocidades e variáveis de tempo. Dessa forma, o espaço

Matéria: tipografia III
Nível: 4º ano
Docente: Anne Bush
Duração do trabalho: dezesseis semanas

é formado por intersecções de elementos móveis. É de certa maneira composto pelo conjunto de movimentos que ocorrem dentro dele. O espaço surge como o efeito produzido pelas operações que o orientam, o situam, o temporalizam e o fazem funcionar numa unidade polivalente de programas conflitantes ou proximidades contratuais. Sob essa perspectiva, na relação com o lugar, espaço é como a palavra quando é falada, ou seja, quando é capturada na ambiguidade de uma atualização transformada em um termo dependente de muitas convenções diferentes, situado como o ato de um presente (ou de um tempo), e modificado pelas transformações causadas por contextos sucessivos. Em oposição ao lugar, o espaço, portanto, não tem nada da univocidade ou estabilidade de algo 'devido'. " – Michel de Certeau

Meta

A meta desse trabalho é multifacetada. Os alunos aprendem a documentar, analisar e interpretar tipografia na paisagem, como ela denota uma identidade única de um local urbano. Eles exploram então o livro como um "local" tipográfico por si só, e sua relação com o local em si. Ao estender a noção do local a um espaço de galeria, os alunos imaginam um local de exposição como sua própria paisagem – que mapeie as relações entre todos os locais urbanos distribuídos nos trabalhos e que incorpore todos os livros. Os alunos aprendem, portanto, a ver o ambiente urbano e seus textos como um diálogo dinâmico, que integra mensagens e leituras privadas e públicas.

← Aluno: Jonathan Chinen

Eu fiquei com Liliha, um bairro mais antigo ao lado do centro de Honolulu. Ao caminhar por ele pode-se ver lojas novas, lojas velhas, lojas fechadas e lojas prensadas dentro de um bairro residencial já congestionado. Defini Liliha como o lugar de um impasse – definido por um "empate" entre os resquícios esqueléticos de negócios e casas com potencial para desenvolver a área. Espacialmente, as pessoas que vivem e trabalham na região respondem ao local "retirando-se" – afastando-se ativamente, impondo barreiras e placas tipográficas que proíbem maior aproximação. O local era uma área fora de minha zona de conforto; visitá-lo em vários momentos do dia ofereceu uma perspectiva valiosa de uma área que eu exploraria de outra maneira.

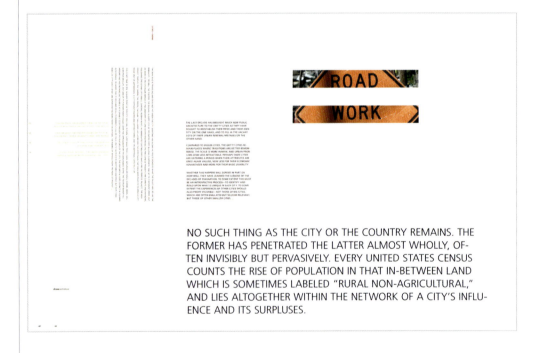

OS TRABALHOS | 185

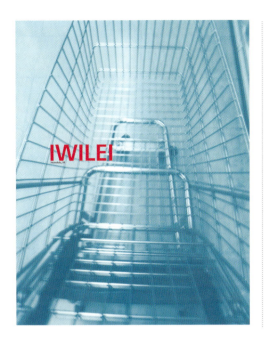

← Aluno: Alban Cooper

A área em Honolulu conhecida como Iwilei era originalmente um porto industrial, mas agora abriga, entre outras lojas de departamento de grande porte, a bem-sucedida loja da Costco. Como em um espaço de reunião, a Costco permite que os compradores escolham individualmente o que querem levar e, ao fazê-lo, cria uma espécie de linguagem pessoal. Por meio desse trabalho, percebi como é importante pesquisar e obter uma noção de perspectiva antes de iniciar o design.

← ↑ Alunos: toda a turma

↑ Aluna: Kelli Ann Harada

Esses dois livros interpretam Kaimuki como um bairro "de passagem" de Honolulu. Como um lugar que já foi de trânsito para estrangeiros, o primeiro livro (verde) examina a função de locais de passagem e ruas, e como eles incentivam uma viagem rápida aos arredores ou pelo bairro. O segundo livro (azul) reinterpreta a palavra "passagem" como a decisão passiva de uma comunidade de ignorar o desenvolvimento urbano moderno.

→ Aluno: Sumet Viwatmanitsakul

O centro de Honolulu abriga muitos escritórios financeiros e governamentais. O governo se foca no poder político e as empresas, no poder econômico. Como resultado, o centro da cidade é ao mesmo tempo uma localidade de disputa (local) e de promoção (espaço). O conflito existe entre governo e negócio (disputa), mas se torna real por meio de divulgação (placas e publicidade na área). Eu aprendi que ambiente público (local) refere-se a como cada pessoa usa essas localidades (espaço). Os dois inevitavelmente afetam um ao outro, e é essencial que a tipografia reflita os conceitos.

OS TRABALHOS | 187

→ Aluna: Anna Fujishige

Kapahulu é uma área localizada entre o populoso bairro de Waikiki e a principal estrada do Havaí, a H1. Eu interpretei essa área como uma via de passagem (local) – uma maneira de se mover entre a estrada e Waikiki. O livro foi projetado para fazer com que o leitor folheie rapidamente suas páginas. Kapahulu, no entanto, é também um lugar de preservação (espaço), porque os residentes locais trabalham duro para resistir ao desenvolvimento e transformar a área em um destino turístico. O segundo livro foi projetado para que o leitor seja forçado a voltar às páginas anteriores, para preservar o que leu. Com esse trabalho aprendi que cada elemento tipográfico e seu tamanho, disposição, ou espaçamento são sempre deliberados. Esses pequenos elementos sempre trabalham em conjunto para criar e ampliar o significado.

Sequência em quadrinhos
Universidade de Tecnologia de Sydney

SYDNEY, NOVA GALES DO SUL, AUSTRÁLIA

Matéria: sequência e narrativa
Nível: 2º ano
Docente responsável: Sally McLaughlin e Ian Gwilt
Duração do trabalho: quatro semanas

Enunciado

Esse trabalho de quatro semanas é concebido para apresentar a narrativa visual aos alunos do 2º ano de graduação em design. Eles devem desenvolver uma história em quadrinhos de seis quadros, em resposta a um dos seguintes temas: o olhar; a captura; o grito; o suspiro; a queda; o fim. Os termos "história em quadrinhos" e "quadro" estão abertos à interpretação. Os alunos são incentivados a prestar atenção no potencial narrativo de objetos e eventos cotidianos e a explorarem as possibilidades pelo fato de que estão "mostrando", e não "contando" uma história. O trabalho em estúdio é auxiliado por quatro palestras: a primeira explora maneiras de construção de narrativas, tendo como foco as possibilidades que emergem dos detalhes da vida cotidiana; a segunda explora uma variedade de histórias em quadrinhos e formas de *graphic novels*; a terceira utiliza a retórica visual como estrutura para se desenvolver uma narrativa; a palestra final considera a hierarquia visual no contexto das histórias em quadrinhos e *graphic novels*. O trabalho é precursor de uma exploração de mídias baseadas no tempo. Em trabalhos subsequentes, os alunos deverão desenvolver suas narrativas, como proposta para um curta-metragem, que será apresentada sob a forma de *storyboard* e de animação.

Meta

A história em quadrinhos oferece uma transição eficaz entre os trabalhos de primeiro ano apoiados na mídia impressa e os trabalhos de segundo ano, muitos dos quais serão produzidos para as telas. Manter o foco no desenvolvimento de uma narrativa concisa auxilia os alunos a se afastarem de gêneros narrativos familiares em direção à construção de narrativas que surjam de suas próprias observações e experiências.

Entrega

Os quadrinhos estão se revelando como um local interessante para a investigação de questões éticas associadas com a construção de narrativas. A tentação é inclinar-se para resoluções extremas de suas sequências, que muitas vezes recebem respostas positivas de seus colegas. O teste com usuários está incorporado a cada um dos trabalhos narrativos, com a intenção de extrair perspectivas que vão além daquelas antecipadas pelos alunos.

↑ **The Catch**
Aluna: Jessica Tainsh

Neste trabalho é inerente o uso criativo do *layout* para transmitir uma narrativa simples, momento a momento. Numa festa de chá animada, alguém bate na mesa para fazer um discurso e uma torta sai voando. Quem se beneficia é o bebê, sentado na outra ponta da mesa.

↑ The End
Aluno: Michael Quill

Eu ainda estou tentando dizer não para essa última taça de vinho.

↑ The Scream
Aluno: Andrew Smith

O onipresente iPod conduz à meditação?

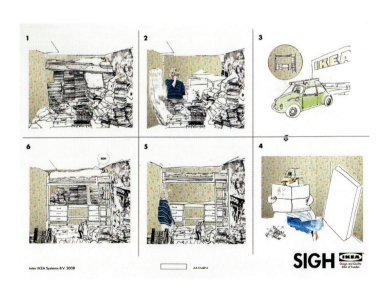

← Sigh
Aluna: Kinal Ladha

A frustração de se montar uma peça de mobília é representada com precisão por uma história em quadrinhos inspirada nas instruções de montagem de móveis da IKEA.

↑ The Look
Aluna: Elizaveta Pogossov

A sequência de uma sala de espelhos gerou respostas potentes quando foi testada entre os usuários, servindo como catalizadora de conversas mais amplas sobre imagem corporal.

↑ The Fall
Aluna: Erika Forrest

Trata-se de uma narrativa simples sobre um filhote de passarinho deixando seu ninho. O desafio do projeto subsequente para tela será identificar situações análogas que permitirão que surjam possibilidades metafóricas dessa sequência.

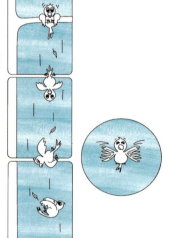

↑ The Fall
Aluna: Georgia Hill

Uma moeda azarada é a protagonista dessa narrativa cíclica.

← The Look
Aluno: Chris Cooper

Trata-se de uma narrativa construída em meio aos devaneios de um pretenso herói de quadrinhos, Malvolio. A sequência foi feita a partir de uma série de colagens. Essa escolha de meio criou algumas dificuldades para se resolver a composição geral da sequência e a hierarquia entre imagem e texto nesse estágio, mas a estrutura narrativa e a exploração do meio foram bem-sucedidas.

↑ The Fall
Aluno: Stephen Macchia

Os seis estágios dessa narrativa resultaram em uma embalagem complexa de instrumentos financeiros.

↑ The Fall
Aluna: Carina Lee

Trata-se de uma reflexão sobre a persistência da seca na Austrália.

Trabalho de conclusão de curso em design gráfico
Universidade das Artes

FILADÉLFIA, PENSILVÂNIA, EUA

Matéria: estúdio de design
Nível: 4º ano
Docente responsável: Ann de Forest, Kevin Finn, Nancy Mayer, Chris Myers e Rosae Reeder
Duração do trabalho: um semestre

ENUNCIADO
Esse trabalho oferece a oportunidade para que se avalie habilidades de escrita, pensamento conceitual, invenção visual, artesania digital e física, sensibilidade para fatores de público e humanos, assim como a capacidade de adquirir novas *expertises*, colaborar com especialistas, desenvolver autocrítica, aceitar críticas diversas, e adaptar seu tempo e recursos para se adequarem ao escopo de um trabalho complexo. Considere questões como nuances de público que estão focadas no seu trabalho e tema escolhido. Investigue e escolha um formato e um meio que expresse melhor seu tema. Desenvolva estratégias conceituais e visuais para apoiar sua tese por meio de um processo experimental aberto. Seja sensível a questões de público. Construa o arco narrativo com a produção ponderada, inventiva e cuidadosa de um ensaio gráfico e textual. O trabalho se conclui com a apresentação formal e individual para um júri de designers e não designers.

META
A meta desse trabalho é reunir os múltiplos talentos do aluno em um empreendimento continuado que explique/expresse criativamente uma questão, um assunto, um texto ou uma ideia. A compreensão de estruturas narrativas oferece a fundação conceitual para o sucesso. O processo inicial de descoberta, conjugado à produção de um ensaio gráfico e textual, revela formas originais de expressar saberes particulares de cada jovem designer.

ENTREGA
Os trabalhos de conclusão culminam na apresentação para um júri convidado de dez a doze designers e não designers. Os jurados determinam quem será reconhecido pela qualidade da performance. Por conta da natureza ampla desses trabalhos, os alunos muitas vezes são avaliados como exemplares, cruciais para empregadores e comitês de admissão em pós-graduação. As aptidões mais reconhecidas são: técnica, criatividade, dedicação continuada, pesquisa original, habilidades de escrita e manuais, e gerenciamento de tempo.

→ **We Are You**
Aluno: Johnathan Pish

Esse é um compêndio editado de textos de *blogs* militares escritos por soldados em exercício e seus cônjuges, sobre a vida do soldado comum e de sua família para além do enquadramento político. Destacam-se as pequenas coisas que acontecem durante a rotina diária desse tipo de militar.

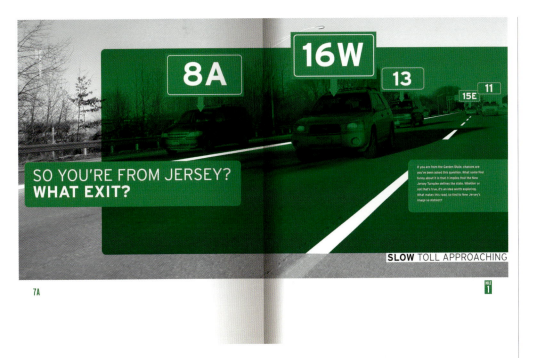

↑ 7A

Aluno: Ryan Thacker

O livro foi pensado como uma viagem de carro, combinando uma narrativa histórica da via com pedágios de Nova Jersey, e paradas para descanso com anedotas pessoais variadas e comentários relevantes. Ela é contada por meio de imagens de arquivo, fotografias pessoais, e foto-ilustrações. Quando se cresce em Nova Jersey, há essencialmente duas rotas principais para se chegar em qualquer destino, dependendo da parte do estado em que se vive: a estrada Garden State, que começa no sul do condado de Cape May, vai até a parte leste do estado e segue para o norte; ou a via com pedágios de Nova Jersey, que conecta a Ponte Memorial Delaware até a cidade de Nova York e funciona como a rodovia interestadual 95, atravessando Nova Jersey. Muitos dos viajantes que passam pelo estado jamais olham para qualquer paisagem que não esteja no campo de visão de um veículo em alta velocidade. Por conta disso, as pessoas que não moram no estado têm a impressão de que apenas a via com pedágios ou a Garden State são Nova Jersey, o que faz surgir piadas do tipo "Você é de Nova Jersey? De qual saída?". Esse livro alude ao lutar por algo que faz

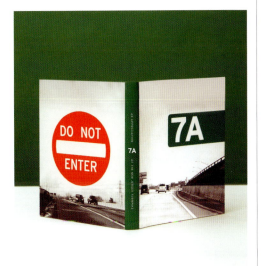

parte da sua vida, por bem ou por mal, da mesma maneira que você defenderia seu irmão mais novo quando alguém o agride, mesmo que você tenha acabado de soltá-lo de sua própria chave de braço. É sobre transformar aquela piada em um motivo de orgulho e responder orgulhosamente (no meu caso): 7A.

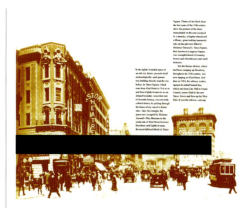

↑ Times Square: A Conversation about Progress, Loss, Nostalgia, and Urban Vitality
Aluna: Kathryn Mangano

Nos últimos vinte anos, a Times Square passou por reformas urbanas dramáticas, abastecidas em grande parte por investimentos corporativos. Conforme os espaços públicos vão encolhendo, eu me pergunto se uma Times Square mais limpa realmente não era melhor. Não sou a única pessoa a questionar os efeitos da "disneyficação" da Times Square. Ao iniciar a minha pesquisa, percebi que esse debate nunca seria adequadamente representado por uma única voz, então montei o texto do livro costurando cinco editoriais de escritores famosos e sinceros de Nova York. Cada voz tem sua própria tipografia, um *grid* flexível foi desenvolvido para permitir que as vozes mudem de volume e urgência, de acordo com a página. O visual exagerado da Times Square se tornou a principal inspiração para o design do livro, os números de página saltam pelas páginas duplas e quebram todas as regras ao mudarem de tamanho, localização e cor. As imagens fotográficas de grande porte denotam o frenesi estonteante que eu senti quando parei no epicentro do local. Imagens contemporâneas foram criadas pela sobreposição de fotografias que eu mesmo tirei. As imagens históricas foram manipuladas para evocarem ambientes tangíveis. O ritmo do livro foi criado para guiar os leitores rapidamente pela história da praça antes de confrontá-los com a versão comercial de hoje em dia. A conversa finalmente termina com uma suave ambivalência. Conforme as vozes e gráficos esmaecem, ao leitor resta apenas a promessa do futuro transiente da Times Square.

← Life in Overdrive
Aluno: Billy Mitchell

Esse é um ensaio editado e um testemunho autobiográfico de alguém com DDAH (distúrbio de déficit de atenção e hiperatividade) e com uma doença associada que faz com que o paciente não seja capaz de distinguir ruídos próximos aos de fundo. A narrativa expressa a esperança de uma cura contra os reveses de um futuro assustador.

← Soldier for a Day

Aluno: Nick Keppol

Essa colisão de textos inclui trechos do livro *O emblema vermelho da coragem*, de Stephen Crane, e um ensaio autobiográfico. No ensaio, conto como foi minha primeira partida de paintball e os medos similares aos do protagonista do livro de Crane, apesar do paintball ser uma guerra simulada.

↑ Too Sense: The Manifesto of a Cheapskate

Aluno: Sean Nitchmann

Eu sou mão-de-vaca. Tão mão-de-vaca que sou livre. Essa é a mensagem desse livro – e de seu subtítulo não oficial: *Liberty Through Thrift* (Liberdade por meio da frugalidade). Depois de receber a missão de produzir um projeto independente que fosse o marco da minha graduação em design gráfico, não pude conceber um uso mais valioso de texto e imagem que contribuir para transformar a visão míope prevalente a respeito da frugalidade, criando (com meios limitados) uma narrativa audaciosamente inspiradora, nada desconectada, mas sim coesa, radical e divertida.

Tipografia modular
Universidade de Ulster, Escola de Arte e Design

BELFAST, REINO UNIDO

Matéria: design para comunicação visual
Nível: vários
Docente: Liam McComish
Duração do trabalho: duas semanas

ENUNCIADO
Esse trabalho é concebido para ajudar os alunos a criarem obras sob um viés sistemático e modular. Os alunos ganharão melhor controle sobre a composição e linguagem visual por meio da investigação sistemática de forma, padrão, escala, contraste, repetição e alinhamento, utilizando um leque limitado de formas gráficas. Os alunos receberam cinco formas gráficas primitivas para trabalharem.

A primeira parte da tarefa requer o desenvolvimento de atividades que sejam relevantes ao projeto, mas não limitados ao design gráfico. Dessa forma, os alunos geram formas de letras pelo Adobe Illustrator utilizando as já oferecidas em formato vetorial.

META
As letras são códigos para interpretar a língua falada e nós desenvolvemos a habilidade de decifrá-los conforme crescemos, inseridos em determinada cultura. As tipografias individuais são representações características desse código padrão, criadas a partir de séculos de práticas e costumes. Se nos distanciarmos demais das convenções, menor a habilidade de decifrar o código visual rapidamente. Para esse trabalho, utilize a forma gráfica primitiva que lhe foi dada, gerando letras que investiguem o elo entre forma, código e legibilidade. Você pode mudar o tamanho, repetir, sobrepor, subtrair e adicionar as formas, mas não se deve distorcê-las de maneira a alterar suas proporções essenciais.

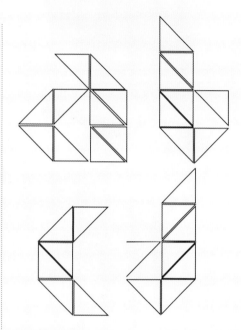

↑ Aluno: Peter Irvine

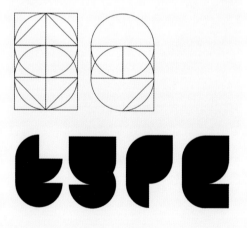

↑ Aluno: John Wynne

↓ Aluna: Katie Brown

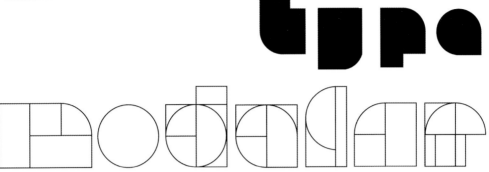

↑ Aluno: Adam McCormick

↑ Aluno: Séamus Fegan

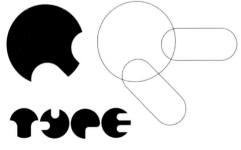

↑ Aluna: Ashleigh Grant

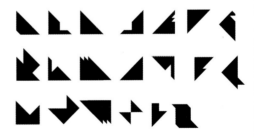

↑ Aluno: Ryan Stanfield

Programa de design de comunicação
Universidade de Washington, School of Art, Departamento de Design

SEATTLE, WASHINGTON, EUA

Matéria: programas de comunicação
Nível: 3º ano
Docente responsável: Douglas Wadden
Duração do trabalho: um bimestre

ENUNCIADO

Esse curso investigará o desenvolvimento de um programa de design de comunicação, utilizando uma conferência internacional como ocasião para implementar uma série de elementos impressos, ambientais e interativos que estabelecem a definição visual de um conceito temático como uma forma de identidade gráfica. A base da investigação e o tema dos trabalhos serão as ecologias globais e desafios ambientais. Essa proposição deve ser ampla e cuidadosamente pesquisada, incluindo apresentações de conferências sobre mudanças climáticas e aquecimento global, consumo de energia e fontes alternativas de energia, proteção e gerenciamento de espécies e *habitats*, poluição ambiental e tratados internacionais e políticas públicas, entre outros. Essas e outras questões serão apresentadas de um ponto de vista nacional e global. O público-alvo serão pesquisadores e educadores; representantes de instituições ambientais sem fins lucrativos e fundações; organizações internacionais; oficiais municipais, estaduais, e federais. Os designs do programa de comunicação irão abranger: um pôster informando sobre o programa; um *release* e um pacote de papelaria institucional contendo papel de carta, cartão de visitas, dois envelopes, um adesivo e uma pasta; um protótipo não funcional para um *website* com informações sobre a conferência e inscrição (disponível para *download*); um protótipo de *banners* para *sites* ou um painel de ônibus ou um *outdoor*; e um anúncio de jornal de página inteira em preto e branco.

META

Investigar o desenvolvimento de um programa de design de comunicação utilizando uma conferência internacional como ocasião para implementar uma série de elementos impressos, ambientais e interativos. Tais elementos devem estabelecer a definição visual de um conceito temático como uma forma de identidade gráfica.

→ **Beyond the Limits: Ocean Sustainability as a Global Responsibility**

Aluno: Allen Lau

Beyond the Limits é uma conferência focada no papel do pensamento global.

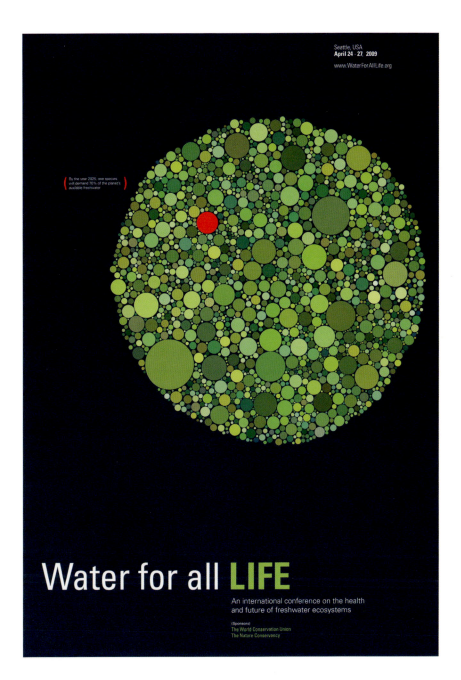

↑ **Washed Away: An International Conference on Water Conservation**

Aluna: Kayla Turner

Essa conferência exalta a esperança pela conservação de água na vida doméstica. Apesar da utilização municipal de água ser ínfima quando comparada à utilização na agricultura e na indústria, devemos nos lembrar que, como indivíduos, podemos promover atitudes simples em casa para preservar o abastecimento de água.

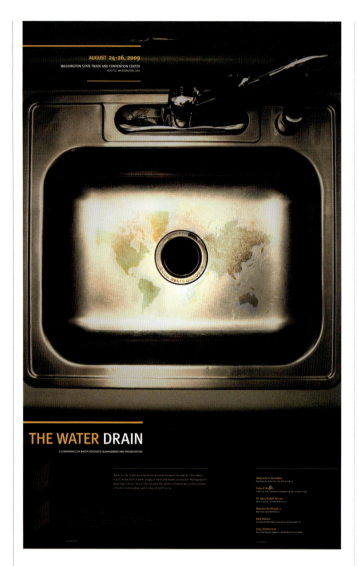

↑ **Water for All Life**
Aluna: Louise Foster

Os seres humanos necessitarão de 70% da água doce do planeta nos próximos vinte anos, deixando apenas 30% aos ecossistemas. Eu considero essa estatística bastante alarmante, então decidi ilustrá-la de maneira abstrata para não limitar o foco a um ecossistema ou animal.

↑ **The Water Drain**
Aluno: Francis Luu

A água é vital para a sobrevivência no planeta. Menos de 1% dos recursos hídricos da Terra correspondem a água doce facilmente acessível. Isso traz à tona a importância do gerenciamento dela no contexto do consumo humano (para nutrição, higiene, agricultura, processos industriais, e produção de alimentos). Tratar das questões de usos ineficientes de água é essencial para lidar e possivelmente superar catástrofes futuras envolvendo a escassez de água limpa.

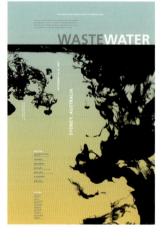

↑ Natural Resource Depletion
Aluna: Katrina Mendoza

Eu criei um pôster, além de várias aplicações, para uma conferência hipotética sobre como os recursos naturais da Terra estão se esgotando rapidamente. Eu utilizei o espaço em branco para evocar a sensação de vazio, espelhando a devastação da indústria madeireira e a deflorestação.

← Wastewater
Aluna: Allyson Tong

O desperdício como resultado da atividade humana é o maior agente para a contaminação do oceano. *Wastewater* é uma conferência que examina as causas da poluição marinha e mede suas consequências para os ecossistemas. O design do programa reflete visualmente o processo de como os vazamentos de petróleo e de outros agentes contaminadores escorrem lentamente da terra e poluem os oceanos.

→ Choose
Aluna: Mia Pizzuto

Uma conferência internacional dedicada a reconhecer a água pelo seu propósito original, como fonte de vida, não de morte. As doenças infecciosas transmitidas pela água matam milhões por todo o globo a cada ano e essa questão global premente deve ser impedida antes que sejam feitas mais vítimas. Para eliminar o risco de doenças bacterianas transmitidas pela água, precisamos nos unir como uma comunidade bem informada pronta para combater esse problema.

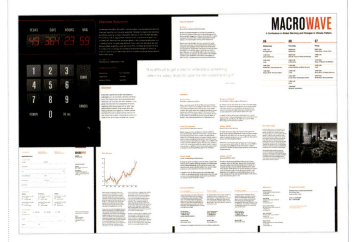

↑ Macrowave: A Conference on Global Warming
Aluno: Owen Irianto

Eu criei um pôster para uma conferência hipotética sobre o aquecimento global. A funcionalidade do pôster tem por base o racionalismo suíço que considera que um pôster deve funcionar à distância, convidando o público a se aproximar, para que descubra o que está nos detalhes – nesse caso, por conta de uma ilusão de ótica. Como sugere o nome da conferência, *macrowave* (macroondas) é um trocadilho relacionado ao aquecimento global e à forma como o efeito estufa afeta as mudanças climáticas pelo mundo.

Grande projeto de design

Universidade de Wollongong, Faculdade de Artes Criativas, Escola de Arte e Design

Wollongong, Nova Gales do Sul, Austrália

Matéria: trabalho de design avançado
Nível: 3º ano
Docente responsável: Grant Ellmers
Duração do trabalho: um semestre

Enunciado

Esse tema provavelmente será seu projeto final em estúdio na graduação em design e representa uma oportunidade de desenvolver um trabalho na área que reúna o melhor de seu conhecimento e habilidades em design. O trabalho deve servir como trampolim aos seus planos para depois da graduação. Identifique suas melhores aptidões em design gráfico e em que parte da indústria você gostaria de se posicionar. Permita que essas observações guiem o desenvolvimento do conceito de design e a forma final do projeto, e articule isso em um seminário e em um relatório final. Apoie a proposta com pelo menos três referências e resuma sua relevância para o conceito escolhido. O trabalho final deve estar concatenado e ser construído a partir das questões exploradas e levantadas no seminário. O trabalho deve representar sua *expertise* em design e ser o mais significativo de seu portfólio. O relatório escrito deve detalhar o processo de criação, referências, reflexões e análise do produto final.

Meta

O trabalho deve ser desenvolvido levando em conta dois componentes: pensar e fazer. O pensar permeia todo o processo de design, da geração e formação da ideia até sua realização e avaliação. Valendo-se da reflexão formal, o aluno articula seu raciocínio em formatos orais e escritos, com a intenção de fornecer uma plataforma que estimule a transferência de conhecimento para situações de design futuras e contextos diferentes. O fazer no processo de design inclui pranchas de temperamento, *storyboards*, esboços, protótipos e o trabalho final. Os alunos devem apresentar o trabalho para os professores e colegas da seguinte maneira: uma proposta inicial que inclua o conceito de design, pesquisa e a forma pretendida para o trabalho final; uma entrega provisória com rascunhos de design e refinamento de conceito; o trabalho de design final e um relatório escrito sobre o processo. Os alunos respondem a uma série de perguntas direcionadas, criadas para ajudá-los a se distanciar do próprio trabalho e se envolverem com o raciocínio de design relacionado a seu próprio trabalho.

↑ **No Imperfections**
Aluno: Greg Hughes

Neste trabalho eu exploro a ausência de imperfeições e as características da reprodução análoga no meio digital, trata-se de uma animação gráfica. Eu parto da teoria de desconstrução de Jacques Derrida, especificamente dos termos *indecidíveis*, *traço* e *marca*. A reprodução análoga expõe esses elementos-traço, imperfeições ou características no produto final, concentrando-se no processo de tradução. O viés gráfico recai sobre a ideia de reflexões digitais, os restos retratados das conversões análogas/digitais.

← Keep Your Minds Busy
Aluno: David Keane

Neste trabalho observo o papel que o designer tem como intérprete, como ele cria e dá significado a palavras e sons. Eu exploro esse conceito por meio do design de um livro de poemas em que cada página representa o texto em um tipo de voz. Eu faço referência aos trabalhos de Guillaume Apollinaire, cujos caligramas evocam visualmente o texto, aos de Robert Massin, que brinca com a composição de texto e imagem, aos do designer Vince Frost e aos do grafiteiro Banksy. Meu trabalho se apoia no uso bruto de tipografia e imagens, grande parte delas em preto e branco.

↑ Type in Motion
Aluna: Zoe Moxon

Eu criei essa sequência de abertura para um documentário fictício, a fim de explorar a tipografia em movimento. A película retrata Meroogal, uma casa histórica em Nowra, Austrália, que foi ocupada somente por mulheres de uma mesma família entre 1886 e 1985. Minha intenção era representar graficamente a sensação de história e tempo em Meroogal e as mulheres que viveram ali. O trabalho foi influenciado pelo trabalho em sequências de abertura de Kyle Cooper e Animal Logic.

↑ Ornamental Design
Aluna: Dianne Cervantes

Eu explorei o retorno do design ornamental aplicado aos papéis de parede, e investiguei a fundo o padrão de repetição e os métodos tradicionais de produção. As questões de design de padronagem que eu pesquisei incluem a apropriação de design, a identidade do designer e o interesse comercial atual em coberturas de parede com padrões. Eu criei uma estampa personalizada para um cliente comercial, inspirado no estilo de Florence Broadhurst, uma famosa designer de papéis de parede e empresária australiana.

← Valiant
Aluno: David Wallin

Esse trabalho examina de perto a restauração e transformação do Valiant como maneira de investigar as questões do desejo pelo automóvel. As qualidades visuais desse carro estão sobrepostas por gráficos informativos que ampliam o trabalho como um texto.

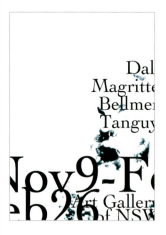

↑ Engaging the Audience
Aluna: Kate Francis

Eu fiz experimentos sobre como os designers se comunicam e se relacionam com o público. Explorei também a habilidade do leitor de se envolver ativamente na decodificação de mensagens publicitárias, para descobrir qual é o mínimo de informação que pode ser oferecido, ou empurrado para as laterais, antes da mensagem se tornar ininteligível. O trabalho conta com a habilidade do leitor de encontrar mais de uma série de imagens no ambiente da cidade e unir os vários significantes fragmentados em um todo coerente. Os elementos visuais e tipográficos dão pistas sutis sobre a leitura.

↑ Design on Film
Aluno: Ben Hennessy

Eu explorei como minhas próprias habilidades e sensibilidades em design gráfico poderiam ampliar o tratamento visual de sequências de abertura de filmes. A pesquisa incluiu um levantamento de aberturas de películas produzidas por designers gráficos importantes, como Saul Bass e Kyle Cooper.

← Is Design Emotional?
Aluna: Karlee Bannon

Eu fiz essa pergunta para investigar como um designer consegue estabelecer uma conexão emocional com o espectador utilizando o sentido visual da tipografia e de outros sentidos. A pesquisa incluiu alguns experimentos interativos e observações – um deles foi a criação uma série de instruções tipográficas, que eram inseridas em envelopes e entregues a um grupo de voluntários. O envelope ainda incluía um pedido para que a pessoa anotasse sua resposta emocional à instrução tipográfica. A partir desses experimentos e observações, desenvolvi uma variedade de pôsteres tipográficos que insistem na ideia de se provocar respostas emocionais por meio do design gráfico.

↑ Image Search
Aluno: Robert Dinnerville

Meu trabalho pretende mostrar, por meio de uma animação, os conceitos e aplicações de um *software* de busca de imagens chamado Imprezzeo, desenvolvido por pesquisadores da Universidade de Wollongong e de Queensland. O trabalho serve como uma abertura atraente para apresentações feitas para investidores em potencial. Minha intenção era representar os principais conceitos do *software* de maneira visualmente envolvente, o que foi obtido por meio de modelos em duas e três dimensões, com animações e sons.

→ Cultural Branding
Aluna: Lisa Hawkins

O evento de Ano Novo de Sydney em 2006 foi o ponto principal para minha exploração das marcas culturais como ferramenta para aumentar a interação entre os participantes e o evento. Adotei como tema o parque de diversões para envolver públicos de todas as idades. O estilo de design seguiu a identidade já estabelecida para os Jogos Olímpicos de Sydney de 2000 e se inspira nos pintores australianos Brett Whitely e Ken Done. Minha intenção foi a de ser flexível e desenvolver os logotipos individuais a partir do logotipo primário, mantendo assim o mesmo estilo, de maneira contrastante. Apresentei o logotipo primário e exemplos de logotipos secundários, aplicados em pôsteres tamanho A2 e anúncios de revistas.

Design gráfico em qualquer mídia

Universidade de Artes de Berlim/Universidade de Artes Aplicadas de Viena, Instituto de Design

BERLIM, ALEMANHA/VIENA, ÁUSTRIA

Matéria: design gráfico
Nível: 3º semestre
Docente responsável: Fons Hickmann
Duração do trabalho: muitos semestres

Enunciado

O trabalho explora a transgressão dos limites do design em todos os aspectos, a discussão crítica de tópicos atuais sob diferentes perspectivas, o questionamento de convenções midiáticas e sociais e o desenvolvimento de novos códigos visuais. O conceito de ensino é concebido como uma empreitada contínua, estendendo-se ao longo de vários semestres – em cada um deles, o curso recebe o título de "design gráfico em qualquer mídia". Pede-se que os alunos tenham pensamento conceitual, que é ao mesmo tempo experimental e prático. No decorrer dos últimos anos, trabalhos diferentes foram exigidos dos alunos.

Meta

Esses são alguns dos trabalhos que recentemente foram solicitados: reagir visualmente a contribuições textuais de diferentes autores na revista tirolesa de cultura *Quart* sobre proibições; produzir o conceito de design gráfico de uma revista ou libreto criado com os alunos do departamento de design de moda e têxtil da Universidade de Artes de Berlim, e realizar sua produção; conceber um pôster para a exposição da universidade; e desenhar uma página dupla para a edição alemã da *Greenpeace Magazine*.

← **Championship for Applied Soccer 5**
Aluna: Astrid Seme

A turma de design gráfico aparece como o iniciador do torneio e se funde com a elite do futebol internacional.

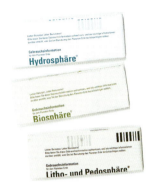

↑ **Manual for Planet Earth**
Aluna: Angelika Rattay

Este trabalho mostra quatro caminhos estrutural e formalmente diferentes para se utilizar o planeta Terra, inspirados pelos textos de bulas de remédio, que lidam com os "efeitos colaterais indesejados", o "modo de usar" e a "data de validade". Os formatos A2, concebidos como suplementos de jornal, utilizam ilustrações e gráficos.

→ **Black & White Are Infinite**
Alunas: Karin Freinhofer, Marianne Kampel e Mirjam Peter

A exposição "The Essence" (A Essência), de 2006, apresenta uma brochura de 54 páginas com trabalhos de graduação selecionados dos últimos anos. O perfil inclui onze trabalhos e mostra um espectro amplo de conteúdo, mídias e métodos. O libreto que os visitantes levavam para casa é apresentado como um elemento de composição numa parede que remete a uma grade vazada. Quando se move, pode se tirar pedaços ou adicionar as versões branca ou preta da obra, gerando novas imagens. Um vídeo embutido oferece instruções para o uso e convida os visitantes a serem criativos também.

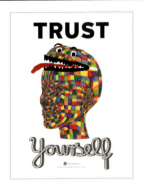

↑ **Trust Yourself**
Aluna: Clara Bahlsen

Esse pôster foi criado para a competição Fit durchs Studium (Apto por meio do estudo), da União Estudantil Alemã.

↑ The New Class for Graphic Design
Aluno: Jan Wirth

Pôster para a exposição da Universidade de Artes de Berlim no verão de 2007. Quando se trata de dinâmicas de grupo, o *networking* e a interação entre diversas pessoas têm um papel específico como parte dos relacionamentos. As interdependências, interações e reações da nova turma de design gráfico são visualizadas tipograficamente.

↑ A Fistful of Lead
Aluna: Miriam Waszelewski

Como reação ao "Sounding Lead", uma contribuição da psicanalista austríaca Elisabeth Schlebrugge sobre o trabalho da artista e sua conterrânea Eva Schlegel para a revista tirolesa *Quart*, eu confrontei o peso do texto espelhando na página oposta uma imagem mais leve, representando a paixão por citações.

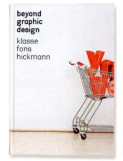

← Beyond Graphic Design
Aluno: Christof Nardin

Este trabalho não é uma coleção de exemplos bonitinhos de que já estamos todos cansados. Fons Hickmann revela seu conceito de ensino e o expõe para ser discutido, oferecendo impulsos que provocam e agitam pensamentos. O designer questiona em que lugar as outras pessoas se satisfazem. Os trabalhos não são apenas apresentados, mas também ilustrados conceitualmente.

↑ Possibilities of Istanbul
Aluna: Nina Reisinger

Uma composição feita de poesia contemporânea turca e fotocolagens visualmente grandiosas forma um livro que oferece acesso à atividade cultural contemporânea de Istambul. O nível pictórico abre um campo complexo de associações e é relacionado com os poemas traduzidos para o inglês, por meio de uma espécie de sistema de orientação gráfico. A interpretação visual do espaço urbano se torna um pano de fundo, por meio do qual a relação entre texto e imagem pulsa em equilíbrio em todos os níveis desse trabalho de duzentas páginas.

→ The Absolute Truth
Aluna: Helga Aichmaier

Na era da mídia, o poder definidor das imagens é indisputável. Mas o que dizer quanto a sua autenticidade, legibilidade e poder de expressão? *Absolute Truth* (A verdade absoluta) destaca as várias maneiras de se manipular uma imagem. Autêntico e livremente projetado, contribuições surpreendentes combinadas com textos reflexivos convidam os espectadores a aguçarem seus olhos quanto ao seu consumo diário de imagens e a desenvolverem sensibilidade para lidarem de forma responsável com a mídia.

→ Fashion Fanzine
Alunos: Johannes Buttner, Sabine Schwarz, Julian von Klier, Matthias Friederich e Miriam Waszelewski

Este trabalho une o conceito de design gráfico e a realização de uma revista/libreto intitulada *fashion fanzine*, produzida como um projeto colaborativo com os alunos do departamento de design de moda e têxtil da Universidade de Artes de Berlim. A publicação também inclui a série fotográfica de Johannes Buttner "If The Kids Are United" (Se as crianças estão unidas).

→ Out of the Depth of Space
Aluna: Sabine Schwarz

Essa é uma resposta visual a artigos da revista *Quart* elaborados por diferentes autores sobre o tópico de proibições ou restrições. As páginas fotográficas opostas às de texto mostram quadras, pistas e campos com suas respectivas marcações regulamentadas, sobre as quais diferentes jogos são realizados.

The One

Universidade de Hongik, Departamento de Design de Comunicação Visual

SEUL, COREIA DO SUL

Matéria: gerenciamento de design
Nível: 4º ano
Docente responsável: Don Ryun Chang
Duração do trabalho: um semestre

ENUNCIADO

A turma de gerenciamento de design da Universidade de Hongik é composta de sessenta alunos do último ano que se dividiram em dez equipes de seis membros para criarem modelos de negócios distintos inspirados por estilos de vida, tendências culturais e negócios emergentes da sociedade local. Os alunos deveriam assumir tarefas individuais que variavam entre funções de design, negócios e gerenciamento, sendo apenas uma pessoa escolhida para ser o líder do grupo. Ao longo do semestre, foram desenvolvidos cronogramas, análises competitivas, mapeamento de produtos, *brainstorm* de design e planos de mídia.

META

O objetivo primeiro é introduzir aos alunos do último ano, prestes a iniciarem suas carreiras, os princípios mais importantes do gerenciamento de design. Esse trabalho os qualificará a compreender melhor as dinâmicas da pesquisa em múltiplos níveis: planejamento, colaboração em equipe e apresentação para clientes. Além disso, os alunos são incentivados a integrarem os vários conjuntos de habilidades multidisciplinares que acumularam durante a graduação (como ilustração, fotografia, filmagem e animação) e a produzirem uma apresentação integrada de mídia no final do semestre.

ENTREGA

O curso de quinze semanas é conduzido com supervisão atenta do professor e a última aula é assistida por três diretores criativos de agências de publicidade e empresas de design, que ajudam a avaliar a viabilidade dos dez trabalhos. A cada ano, a equipe com a melhor nota recebe o título do Grand Prix de Gerenciamento de Design de Hongik. Ao longo dos anos, muitos alunos que participaram desse curso montaram suas próprias companhias de design, tendo uma perspectiva mais abrangente do gerenciamento de todo o processo.

O trabalho apresentado aqui foi o vencedor do Grand Prix de 2004, e o tema escolhido foi a população cada vez maior de solteiros da Coreia do Sul. O grupo criou uma nova marca de estilo de vida chamada The One, que incluía uma série de produtos *on-line* e *off-line*, assim como a filiação a uma comunidade e parcerias com outras companhias direcionadas a essa população crescente.

CRÉDITOS

Líder da equipe: Sang Min Song
Animações e filmagem: Sae Youn Koh
Produto: Jung Hyun Lee
Design gráfico: Hyun Kyung Yoo
Ilustrações: Jung Hwa Song
Filmagem e edição: Jin Yung Park

↑ **Logotipo**
Ilustração: Jung Hyun Lee

Esse logo comunica a vida de solteiro de maneira divertida, utilizando um numeral animado.

↑ **Cupons dos parceiros da rede The One**
Ilustração: Jung Hyun Lee

Esses cupons de vários pontos de venda oferecem serviços especiais que atendem pessoas solteiras.

↑ **Apito de socorro para mulheres solteiras**

O apito foi criado para ser utilizado por mulheres em perigo. Os alunos confeccionaram trinta apitos promocionais de verdade e os distribuíram a mulheres da plateia durante a apresentação.

↑ **Mapeamento de produtos**
Fotógrafa: Sae Youn Koh

Essa página mostra o mapa de produtos do projeto em termos de segmentação *on-line* e *off-line* e oferece conteúdo, filiações, alianças de negócios e produtos encontrados em lojas físicas.

← Loja *on-line* e página de comunidade

Fotógrafa: Sae Youn Koh

A loja *on-line* da The One seria implementada com a venda ao público, filiações de membros e *download* de conteúdo para associados solteiros.

← Trailer

A intenção era mostrar consumidores solteiros encontrando produtos que atendem seus estilos de vida e verificar como eles reagem a esses produtos.

← Ponto de venda

Fotógrafa: Sae Youn Koh

Pare o aquecimento global
Universidade Kookmin, Faculdade de Design

SEUL, COREIA DO SUL

ENUNCIADO
Os alunos devem combinar duas ideias completamente diferentes para criar um pôster ou exposição sobre como interromper o aquecimento global.

META
Criar um conceito utilizando diferentes objetos e ideias para transmitir a ideia de urgência do aquecimento global.

ENTREGA
Crie pôsters e uma exposição para viajar pela Coreia do Sul, Japão, Tailândia e Estados Unidos.

Matéria: design de publicidade
Nível: 3º ano
Docente responsável: Hoseob Yoon
Duração do trabalho: um semestre

↑ Aqua Man
Aluna: Ara Yoo

↑ No Land
Aluno: Joseph Kim

↑ **Save Water**
Aluno: Bonghak Choi

↑ **Melting Lipstick**
Aluno: Kyeonjeong Lee

↑ **Steamed Earth**
Aluno: Narae An

↑ **Crucifixion**
Aluno: Beomseok Kang

↑ **No Trespassing**
Aluna: Bora Jeon

OS TRABALHOS | 215

↑ **Firestorm**
Aluno: Jun Woo Park

↑ **Quo Vadis**
Aluna: Mijeong Gong

↑ **Under Water**
Aluno: Suntak Kim

↑ **Stop!**
Aluno: Je Lee

↑ **Rotten Apple**
Aluna: Sehee Lee

Maneiras de enxergar (criação de imagens sequenciais)
Universidade de Nicósia

NICÓSIA, CHIPRE

Matéria: repensando a imagem
Nível: 2º ano
Docente responsável: Andreas Tomblin
Duração do trabalho: quatro semanas

ENUNCIADO
Escolha um dos itens da lista abaixo e produza uma série de composições finais e uma explicação de até trezentas palavras que justifique seu trabalho.

1. Uma mosca
2. Uma criança perdida
3. Uma formiga
4. Um gato de noite
5. Um espião
6. Uma pessoa com fobia

Determine qual é a melhor maneira de comunicar por meio de uma sequência de imagens, que pode ser de conceito muito simples ou mais complexo. Por exemplo, se a história trata de amor, comece o processo de *brainstorm* listando todas as palavras possíveis relacionadas a esse sentimento – coração, chocolates, mel, açúcar, doce, amargo, ciúmes, etc. Isso ajudará a estabelecer uma atmosfera e ambiente para a narrativa. A seguir, desenvolva as ideias em um rascunho de *storyboard*. Tire fotos inspiradas pela história, considere luzes diferentes e o clima que elas expressam, ângulos de câmera.

Lembre-se, quanto mais fotografias forem tiradas, mais opções e melhor será o resultado final.

Experimente o quanto quiser, incorporando outros objetos, desenhos e escritos, quebrando as imagens, criando fotomontagens, e escaneando imagens ou objetos. Para comunicar ideias e observações, explore as diferentes maneiras de se aplicar os seguintes princípios do design: pontos de ênfase, ângulos de observação, meios de recortar a informação, escala, textura, composição, forma, cor, espaço positivo e negativo. O trabalho final deve ser impresso em papel de boa qualidade e ser apresentado em uma pasta. Para a avaliação final do curso, todo o trabalho preliminar deve ser encadernado com espiral, em formato de livro.

META
O xis da questão está na compreensão do aluno de como as pessoas ou criaturas diferentes enxergam o mundo e como se pode comunicar visualmente a maneira de cada um. Os pontos de vista são infinitos e há muitas oportunidades de se manipular as imagens em relação à maneira que o sujeito escolhido enxerga e à forma como se relaciona com o seu ambiente e os seres humanos. Deve se dizer também que os alunos estão lidando com a produção de imagens sequenciais que contam uma história, portanto é necessário demonstrar isso por meio de imagens. Os alunos devem refletir sobre como uma imagem se liga de alguma forma à seguinte e à mensagem que estão tentando comunicar.

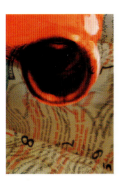   

↑ Ant Exploring a Wine Bottle
Aluno: Naso Kythreotou

O propósito era trabalhar o ponto de vista em *close* a partir da perspectiva de uma formiga explorando uma garrafa de vinho.

↑ Claustrophobia
Aluno: Panayiotis Papanicolaou

A intenção era abordar a claustrofobia de maneira pessoal.

← The Fair Ground (lost child)
Aluno: Stalo Panayidou

O objetivo era explorar memórias pessoais de infância.

↑ Paranoia (phobia)
Aluno: George Klitou

A intenção era estudar a fobia em um cenário cotidiano e utilizar o resultado como base para uma pesquisa maior de geração de imagens.

↑ Hospital Phobia
Aluno: Andreas Olymbios

O objetivo era se aprofundar em uma fobia pessoal.

↑ Ant Falling
Aluno: Andreas Neophytou

O propósito era explorar o ponto de vista de uma formiga em um cenário urbano.

Beatrice Warde e você
School of Visual Arts

Nova York, EUA

Enunciado

Parte 1: Leia os artigos *The Crystal Goblet* (A taça de cristal) ou *Printing Should Be Invisible* (A impressão deveria ser invisível), de Beatrice Warde. Reflita e formule uma opinião sobre os textos.

Parte 2: Encontre um texto adicional que responda / reaja / apoie suas opiniões / tenha alguma relação com o *The Crystal Goblet*.

Parte 3: Desenhe um documento de várias páginas que contenha os dois artigos e mostre tipograficamente a relação entre eles. O texto integral dos dois artigos deve ser utilizado, mas o formato (tamanho, número de páginas, etc.) fica à sua escolha. Os dois artigos devem ter peso conceitual igual.

Meta

Esse trabalho foi desenvolvido para uma classe de tipografia avançada e requer que cada aluno se coloque no papel do editor. O desafio desse projeto é fazer um design com grandes quantidades de texto.

Entrega

Os alunos fizeram escolhas a partir de suas próprias decisões editoriais e os livros tomaram direções diferentes, então, os resultados finais foram diversos.

Matéria: Fazendo design com tipografia
Nível: 3º ano
Docente responsável: Paul Sahre
Duração do trabalho: quatro semanas

→ **Clear Communication**
Aluna: Sun Park

The Crystal Goblet define o papel do designer como aquele que estabelece uma comunicação clara. Mas será realmente possível realizá-la? Será que um autor por si só tem o poder de decifrar o significado de um texto? Roland Barthes se opôs ao mito ou à crença cega no deus-autor ao examinar como os leitores podem reescrever linguagem/texto. Esse pôster dobrável de dupla face permite a visualização desses textos opostos em cada lado: em um deles, *The Crystal Goblet* demonstra que o processo de publicação de um livro (ou o processo de tornar um texto vendável, do rascunho inicial do autor ao formato final de um livro físico) envolve outras vozes, como a da editora, editor, revisor, designer e gráfica. No outro, eu questiono se o designer, por meio do design, também não se torna autor do texto.

→ Beatrice Warde versus Frank Lloyd Wright
Aluno: Steven Attardo

Este livro compara dois ensaios escritos por dois designers de mundos diferentes. Beatrice Warde afirmava que a boa tipografia é invisível, que não se deve prestar atenção às letras que se está lendo. Eu discordo. Eu descobri um livro de discursos de Frank Lloyd Wright, que expressava a opinião de que a arquitetura deve ser expressiva e individual. As pessoas devem prestar atenção à forma do edifício. Eu segmentei seu discurso, e o compus com grande legibilidade no lado direito da página dupla. Então, compus o ensaio de Beatrice Warde à esquerda, para expressar o que Frank Lloyd Wright estava dizendo. Meu objetivo era compor o ensaio dela de uma maneira que fosse ilegível e expressiva – o que é exatamente o contrário que ela se opunha.

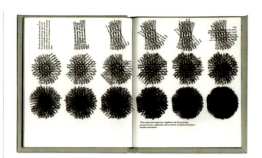

↑ Manifesto for Growth
Aluno: Eric Ku

Eu combinei o ensaio de Beatrice Warde com o texto *An Incomplete Manifesto for Growth*, de Bruce Mau. Eu dividi o texto de Warde em 43 pedaços, um para cada uma das declarações de Mau, gerando 43 panfletos. Apesar deles apresentarem apenas o ensaio de Warde, cada panfleto tem sua própria atitude, de acordo com o manifesto que representa. Minha intenção foi estabelecer e evidenciar as relações entre esses dois ensaios.

→ High Jinks
Aluno: Alex Merto

Para este livro optei por reescrever e reconstruir o artigo de Beatrice Warde no estilo de E. E. Cummings e vice-versa. O trabalho também inclui poemas que eu escrevi a partir do ensaio de Warde. Eu gostei do estilo de escrita da autora, não somente do conteúdo. O trabalho questiona a língua escrita, como ela deveria ser lida e como ela deveria ser escrita. O resultado teve cerca de 35 mil palavras escritas integralmente em uma máquina de escrever Royal, de acordo com os estilos de Warde e de E. E. Cummings.

↑ House of Order
Aluno: Jonathan Han

Inspirada por uma taça de cristal, Beatrice Warde descreve a maneira como ela enxerga a tipografia perfeita, sendo algo claro, simples, e fácil para o observador ou leitor. Para mim, tão bonita quando a descrição de Beatrice sobre o papel da tipografia é a ideia de que a perfeição pode ser alcançada por meio do caos. Isso me deu a oportunidade de explorar tipograficamente, o que significa refinar o caos à categoria de perfeição.

→ *Flash*
Aluno: Kyi Sun

Eu escolhi usar o roteiro da história em quadrinhos *Flash Annual* como meu texto adicional e troquei sua formatação para o de Beatrice Warde. O produto final foi irônico porque Warde escreveu sobre como a tipografia deveria ser neutra, mas aqui suas palavras estão sendo gritadas em um formato de história em quadrinhos excessivamente expressivo.

↓ *Two Texts*
Aluna: Sabine Dowek

Este livro compara dois textos que expressam ideias similares, cada um a sua própria maneira. O livro *Perfume*, de Patrick Suskind, fala de um jovem dono de um dom peculiar, que, desesperado, foge de Paris em busca de ar puro, sem qualquer odor humano. Por outro lado, Beatrice Warde, nos dois textos propostos, mostra a ideia de pureza por meio da tipografia, argumentando que a fonte mais eficaz deveria ser transparente. Quando se lê um livro, ela afirma, "uma pessoa nunca deveria se lembrar da tipografia utilizada, a única imagem deveria ser aquela formada como resultado da imaginação". Os dois textos buscam a pureza, seja pela visão, seja pelo olfato, e esses sentidos estão fundidos neste livro.

Lista de endereços

62. Academia de Belas Artes de Bolonha
Via delle Belle Arti 54
40126 Bologna
Itália
tel: 39.051.4226411
e: consultastudenti@ababo.it
www.ababo.it

44. Alberta College of Art and Design
1407 14th Avenue NW
Calgary, Alberta T2N 4R3
Canadá
tel: 1.403.284.7600
e: admissions@acad.ca
www.acad.ca

50. Universidade Americana de Sharjah, Collage of Architecture, Art and Design
PO Box 26666
Sharjah, Emirate of Sharjah 26666
Emirados Árabes Unidos
tel: 971.6.515.2800
e: deancaad@aus.edu
www.aus.edu

56. Art Center College of Design
1700 Lida Street
Pasadena, CA 91103
EUA
tel: 626.396.2343
e: infogpk@artcenter.edu
www.artcenter.edu/gpk

74. Arts Academy of Split, Departamento de Comunicação Visual
Glagoljaska bb
21000 Split
Croácia
tel: 385.21.348.622
e: design@umas.hr
www.umas.hr/dvk10

40. Universidade de Artes de Bournemouth
Wallisdown
Poole, Dorset BH12 5HH
Reino Unido
tel: 44.1202.533.011
e: hello@aib.ac.uk
www.aub.ac.uk

180. Universidade Autônoma Metropolitana, Campus Azcapotzalko
Avenida San Pablo 180
Ciudad de México, D.F. 02200
México
tel: 52.55.53189000
e: jdepin@correo.azc.uam.mx
www.azc.uam.mx

60, 206. Universidade das Artes de Berlim
PO Box 120544
10595 Berlin
Alemanha
tel: 49.0.30.3185.2204
e: beratung@udk-berlin.de
www.udk-berlin.de

65. Universidade de Boston, School of Visual Arts
855 Commonwealth Avenue
Boston, MA 02215
EUA
tel: 617.353.3350
e: askcfa@bu.edu
www.bu.edu/cfa/visual-arts

68. Universidade Brigham Young
Provo, UT 84602
EUA
tel: 801.422.4266
www.visualarts.byu.edu

82. Fabrica, Centro de Pesquisa e Comunicação do Grupo Benetton
Via Postioma 54F
Catena di Villorba
31020 Treviso
Itália
tel: 39.422.516111
e: fabrica@fabrica.it
www.fabrica.it

130. Universidade de Artes Folkwang
Gebaude R12
45141 Essen
Alemanha
tel: 49.201.183.3355
e: dekan-fb4@folkwang-uni.de
www.folkwang-uni.de

210. Universidade de Hongik, Departamento de Design de Comunicação Visual
94 Wausan-ro, Mapo-Gu
Seoul 121-791
Coreia do Sul
tel: 82.2.320.1114
www.hongik.ac.kr/english_neo

88. Academia de Artes da Islândia
Pverholti 11
105 Reykjavik
Islândia
tel: 354.552.4000
e: hafdis@lhi.is
www.lhi.is

92. Instituto de Tecnologia de Illinois, Instituto de Design
350 North LaSalle Drive
Chicago, IL 60654
EUA
tel: 312.595.4900
e: design@id.iit.edu
www.id.iit.edu

94. Universidade Bilgi de Istambul, Departamento de Design de Comunicação Visual
Eski Silahtaraga Elektrik Santrali
Kazim Karabekir Caddesi 2/13 Eyüp
34060 Istanbul
Turquia
tel: 90.212.311.5000
e: vcd@bilgi.edu.tr
vcd.bilgi.edu.tr

122. Academia de Belas Artes Jan Matejko, Departamento de Comunicação Visual
Plac Matejki 13
31-157 Kraków
Polônia
tel: 48.12.299.2000
e: rektor@asp.krakow.pl
www.asp.krakow.pl

213. Universidade Kookmin, Faculdade de Design
77 Jeongneung-RO Seongbuk-gu
02707 Seoul
Coreia do Sul
tel: 82.2.910.5836
english.kookmin.ac.kr/

34. London College of Communication
Elephant and Castle
London SE1 6SB
UK
tel: 44.20.7.514.6569
e: info@lcc.arts.ac.uk
www.lcc.arts.ac.uk

28. Maryland Institute College of Art
1300 Mt. Royal Avenue
Baltimore, MD 21217-4134
EUA
tel: 410.669.9200
www.mica.edu

78. Maryse Eloy School of Art
Rue Bouvier 1
75011 Paris
França
tel: +33 158 39 36 60
e: eme@ecole-maryse-eloy.com
www.ecole-maryse-eloy.com

106. Massachusetts College of Art and Design
621 Huntington Avenue
Boston, MA 02115
EUA
tel: 617.879.7000
e: admissions@massart.edu
www.massart.edu

110. Universidade Estadual do Missouri, Departamento de Arte e Design
901 South National Avenue
Springfield, MO 65897
EUA
tel: 417.837.2330
e: artanddesign@missouristate.edu
art.missouristate.edu

114. Universidade Estadual da Carolina do Norte, Faculdade de Design
PO Box 7701 – 50 Pullen Dr
Brooks Hall
Raleigh, North Carolina 27695
EUA
tel: 919.515.8302
e: design@ncsu.edu
design.ncsu.edu

126. Portfolio Center
125 Bennett Street
Atlanta, GA 30309
EUA
tel: 404.351.5055
e: claire@portfoliocenter.com
www.portfoliocenter.com

86. Red and Yellow School of Logic and Magic
95-97 Durham Ave.
Salt River, Capetown 7925
África do Sul
tel: 27.21.462.1946
e: info@redandyellow.co.za
www.redandyellow.co.za

134. Rhode Island School of Design
2 Collage St., Providence
EUA
tel: 401.454.6100
e: admissions@risd.edu
www.risd.edu

138. Instituto Real de Tecnologia de Melbourne, The Works, Design de Comunicação
330 Swanston St.
Melbourne, Victoria 3000
Austrália
tel: 61.3.9925.2260
e: alumni@rmit.edu.au
www.theworksdesign.com.au

168. Royal College of Art
Kensington Gore
London SW7 2EU
UK
tel: 44.20.7590.4304
e: info@rca.ac.uk
www.rca.ac.uk

140. School of the Art Institute of Chicago
36 South Wabash Avenue
Chicago, IL 60603
EUA
tel: 1.800.232.7242
tel: admiss@saic.edu
www.saic.edu

152, 219. School of Visual Arts
209 East 23rd Street
New York, NY 10010-3994
EUA
tel: 212.592.2600
e: mfadesign@sva.edu
www.design.sva.edu

144. Centro Universitário Senac – Santo Amaro
Avenida Eng. Eusébio Stevaux, 823
São Paulo 04696-000
Brasil
tel: 55.11.5682.7300
e: campussantoamaro@sp.senac.br
www.sp.senac.br/cas

149. Universidade Estadual de Nova York – Purchase College, Escola de Arte e Design
735 Anderson
Hill Road
Purchase, NY 10577
EUA
tel: 914.251.6000
www.purchase.edu

86. Universidade de Stellenbosch
Private Bag X1
Matieland, Western Cape 7602
África do Sul
tel: 27.21.808.9111
e: seb@sun.ac.za
www.sun.ac.za

**65. Instituto de Arte & Tecnologia
de Design de Suzhou**
Wuzhong Building
189 Wuzhong Ave.
International Education Park South
Suzhou, Jiangsu
China
tel: 860.512.6650.8075
www.sgmart.com

**162, 164. Universidade de Tecnologia
de Swinburne, Faculdade de Design**
Faculty of Health Arts and Design
Hawthorn, Victoria 3122
Austrália
tel: 61.3.8676.7002
www.swinburne.edu.au/design

**166. Universidade Temple,
Tyler School of Art**
7725 Penrose Avenue
Philadelphia, PA 19122
EUA
tel: 215.777.9000
e: tyler@temple.edu
www.temple.edu/tyler

78. Aalto University School of Arts
Hämeentie 135 C
00560 Helsinki
Finlândia
tel: 358.9.47001
arts.aalto.fi

**178. Universidade de Bogotá
Jorge Tadeo Lozano**
Carrera 4 22-61 módulo 6, oficina 441
Bogotá D.C. 11001
Colômbia
tel: 571.242.70.30 ext.140
e: facultad.artesdiseno@utadeo.edu.co
www.utadeo.edu.co

**103. Universidade Iuav de Veneza,
Departamento de Artes e
Design Industrial**
Ex-Convento delle Terese
Dorsoduro 2196
30123 Venice
Itália
tel: 41.257.1891.1654.1364
e: direzione.dcp@iuav.it
www.iuav.it

**183. Universidade do Havaí em
Manoa, Programa de Design Gráfico**
2535 McCarthy Mall
Honolulu, HI 96822
EUA
tel: 808.956.8251
e: design@hawaii.edu
www.hawaii.edu/art

**38. Universidade de Liubliana,
Academia de Belas Artes e Design**
Erjavceva 23
1000 Ljubljana, Slovenia
tel: 386.1.251.27.26
e: alu-design@aluo.uni-lj.si
www.alu.uni-lj.si/

**174. Universidade de Nova Gales
do Sul, Faculdade de Belas Artes**
Greens Road, Paddington
Sydney, New South Wales 2021
Austrália
tel: 61.2 .8936.0699
e: alumni.artdesign@unsw.edu.au
www.artdesign.unsw.edu.au

216. Universidade de Nicósia
PO Box 24005
1700 Nicosia
Chipre
tel: 357.2.2841.528
e: admissions@unic.ac.cy
www.unic.ac.cy

**188. Universidade de Tecnologia
de Sydney**
PO Box 123
Broadway, New South Wales 2007
tel: 61.2.9514.2000
e: dab.communication@uts.edu.au
www.dab.uts.edu.au

**206. Universidade de Artes Aplicadas
de Viena, Instituto de Design**
Oskar Kokoschka Platz 2
1010 Vienna
Áustria
tel: 43.1.71133.2060
e: studien@uni-ak.ac.at
http://www.dieangewandte.at/en

118, 192. Universidade das Artes
320 South Broad Street
Philadelphia, PA 19102
EUA
tel: 800.616.ARTS
e: admissions@uarts.edu
www.uarts.edu

**196. Universidade de Ulster,
Escola de Arte e Design**
Belfast Campus, York Street
Belfast BT15 1ED
UK
tel: 44.0.28.9036.6521
e: phil@ulster.com
www.adbe.ulster.ac.uk/artdesign

**198. Universidade de Washington,
School of Art, Departamento de
Design**
102 Stevens Way
Seattle, WA 98195
EUA
tel: 206.543.0970
e: uaskart@u.washington.edu
www.art.washington.edu

**202. Universidade de Wollongong
Faculdade de Artes Criativas,
Escola de Arte & Design**
Northfields Avenue
Wollongong, New South Wales 2522
Austrália
tel: 61.2.4221.3218
e: tanyab@uow.edu.au
www.lha.uow.edu.au/taem

**30. Universidade Virginia
Commonwealth, Escola das
Artes no Catar**
Al Luqta St. – Education City
Doha, Catar
tel: 974.4402.0555
e: vcuqinfo@vcu.edu
www.qatar.vcu.edu

**100. Universidade Técnica de Yildiz,
Departamento de Design de
Comunicação**
Besiktas Central Campus, Barbaros
Bulvari
34349 Istanbul
Turquia
tel: 90.212.383.7070
e: oozcan@yildiz.edu.tr
www.ilet.yildiz.edu.tr

mmunication / Universidade de Liubliana
llege of Art and Design / Universidade Ar
Universidade de Artes de Berlim / Academ
Universidade de Boston / Instituto de Arte
gham Young / Arts Academy of Split / Ma
ts / Fabrica / Red and Yellow School of Log
a de Artes Folkwang / Instituto de Tecnolo
rsidade IUAV de Veneza / Massachusetts C
Missouri / Universidade Estadual da Caro
Belas Artes de Jan Matejko / Portfolio Cer
Tecnologia de Melbourne / School of the
c / Universidade Estadual de Nova York / S
llege of Arts / Universidade de Nova Gale
no / Universidade Autônoma Metropolitan
de Ulster / Universidade de Washington /
tes Aplicadas de Viena / Universidade de I
Nicósia / Maryland Institute College of Ar
llege of Communication / Universidade de
Alberta College of Art and Design / Univer
esign / Universidade de Artes de Berlim /
al Arts da Universidade de Boston / Institu
idade Brigham Young / Arts Academy